JN098656

「株主との対話」ガイドブック

IR/ESGコンサルタント
元ヤフー㈱（現Zホールディングス㈱）
ステークホルダーリレーションズ本部長

浜辺真紀子 著

ターゲティングから
ESG、海外投資家対応まで

中央経済社

はじめに

1 ┃株式市場の環境変化

近年，企業を取り巻く事業環境は大きく変化しています。地政学リスクの増大，為替変動と原材料価格の高騰，人口動態の変化等，経営者が取り組むべき課題は膨大にあります。

同様に，株式市場を取り巻く環境も劇的に変化を遂げているため，上場企業の経営者は株式市場に向けた自身の理解や取組みを「アップデート」することを強く求められています。

「株式市場の環境変化」については，主なものだけでも以下が挙げられます。

- 日本取引所グループにおける市場区分見直し
- コーポレートガバナンス強化の要請
- ESG・サステナビリティ経営推進と開示の要請
- 「株主との対話」強化の要請
- パッシブ運用の台頭
- 機関投資家によるエンゲージメントの強化

こうした変化はそれぞれ単独で発生しているのではなく，お互いが複雑に連動しています。

経営者が正しく状況を理解したうえで全体を俯瞰し，主体的に取り組まなければならないことばかりです。しかしながら，細分化した項目をそれぞれ個別の担当部門に任せきりにしている企業が数多くあります。

経営者の正しい理解やリーダーシップが足りず，担当部門だけが個々に奔走しているような企業は，思いがけない落とし穴にはまったり，株式市場から突然強い要求を突き付けられることになりかねません。

その反面，上記の市場をめぐる変化は，株式市場に真摯に向き合おうとする上場企業にとっては，飛躍的な成長を目指すきっかけともなりえます。今まで短期的になりがちだった視点を俯瞰的な視点に変換し，中長期的な企業価値向上を目指すことですべてのステークホルダーと協働し共栄できる企業を目指す

ことができるのです。

2 ┃ 執筆における筆者の想い

　筆者は2000年から2020年の間，上場企業 2 社にてIR（Investor Relations,
インベスター・リレーションズ）を中心に管掌し，また一時期は社長室長を
担ってきました。2021年からは上場企業複数社の独立社外取締役（一般株主と
の利益相反が生じるおそれのない社外取締役）として「経営の監督と助言」に
携わりつつ，多くの上場企業のIR/ESG顧問・コンサルタントとして「株式市
場との対話」推進をサポートしています。

　経営者との対話を日々行う中で，株式市場の激変に対する経営者自身の戸惑
いや誤解に接してきました。「改訂コーポレートガバナンス・コード（CGコー
ド）への対応」，「ESG/サステナビリティへの取組み」，「開示義務項目の拡大」，
「アクティビスト対応」等のさまざまな課題が発生する中，お互いに影響し合
う多くの課題を単独で捉えているために，経営者が全体像を見ることができて
いないケースが散見されます。株式市場に関連するさまざまな事象に対する経
営者，および経営者を支える関係各部門の総合的な理解が，喫緊の課題である
と感じています。

　実務担当者から悩み相談を受ける機会も多くあります。「経営陣の理解不足
により，株式市場からの要請に応えられていない」と悩んでいるケースや，「『開
示』に関わるすべてが自身の担当になっているが，トップから関係部署への協
力指示がないため理解と協力が得られず，取組みが停滞している」と困惑する
ケース等，深刻な状況が垣間見られます。

　本書では「株式市場における変化」，「上場企業が求められていること」を俯
瞰的に説明しつつ，「何に取り組むべきか」，「何に留意して株式市場と対話を
していくべきか」等，具体的な実務にも焦点を当てています。

3 ┃ 対話メソッド

　20年間にわたって実際に株式市場との対話に取り組んできた筆者の実践的な対話のメソッドは，読者の皆さんのご参考になるのではないかと考えています。

　筆者自身，複数の上場企業でメソッドを実践し株式市場との対話を質・量ともに改善することに取り組んでいます。その中の1社においては短期間で以下の成果を実際に得ることができました。

　　1．外国人投資家比率の向上
　　2．国内外の中長期視点の機関投資家による大量保有報告書提出
　　3．空売り残高の半分以下への減少
　　4．ESGスコアUPとインデックスへの組入れ

　現在顧問を担う上場企業においても，このメソッドを活用して株主構成を変革することができているため，本書でご紹介したいと考えています。

　メソッドの中には皆さんが「当たり前」と思うことも含まれているでしょう。しかし，その「当たり前」のことができていないことが多いのも事実です。経営者や経営者を支える関係各部の皆さんに，確認の意味も含めてぜひ本書を読んでいただきたいと思います。

4 ┃「株主との対話」とコーポレートガバナンス・コード

　2015年に適用され，直近では2021年に改訂されたコーポレートガバナンス・コードには，5つの「原則」が記載されています。

　　1．株主の権利・平等性の確保
　　2．株主以外のステークホルダーとの適切な協働
　　3．適切な情報開示と透明性の確保
　　4．取締役会等の責務
　　5．株主との対話

そして，「5．株主との対話」には以下のような説明が加えられています。

> **【株主との対話】**
> 　上場企業は，その持続的な成長と中長期的な企業価値の向上に資するため，株主総会の場以外においても，株主との間で建設的な対話を行うべきである。
> 　経営陣幹部・取締役（社外取締役を含む）は，こうした対話を通じて株主の声に耳を傾け，その関心・懸念に正当な関心を払うとともに，自らの経営方針を株主にわかりやすい形で明確に説明しその理解を得る努力を行い，株主を含むステークホルダーの立場に関するバランスのとれた理解と，そうした理解を踏まえた適切な対応に努めるべきである。

　コードには「株主との対話」と書かれています。筆者は，本来これは「株式市場との対話」であるべきだと考えています。

　上場企業の株式は，一般的に株式市場で自由に取引されているため，誰でもその企業の株主になることが可能です（規制等による一部の例外を除く）。つまり，株式市場への参加者全員が，過去，現在，未来の「既存株主」と「潜在株主」に当たるため，「株主との対話」とは，すなわち「株式市場との対話」であるべきと思うためです。本書名についても「株式市場との対話ガイドブック」とする予定でしたが，前述の説明がないと読者の皆さんに理解していただけないことを懸念し，「株主との対話ガイドブック」としました。

　また，コードには「株主総会の場以外においても」と書いてあります。そもそも「経営陣幹部・取締役と株主との対話」は，両者相まみえていきなり始められるものではありません。上場企業が株式市場に対して適切な情報開示と対話を恒常的に実施し，良い関係性が構築されていることが，経営陣幹部および（社外役員を含めた）取締役がさらに深く建設的な株式市場との対話を実施するために不可欠な土台になるといえます。

5 ｜ 「建設的な株主との対話」はなぜ企業と経営者を育てるのか？

　「株主の質は経営の質」という言葉があります。株主構成の変革は，直接的に経営改善につながりうるものです。

　筆者は，執行に携わってきた20年間で5人の経営者（CEO）と株式市場との対話を支えてきました。現在もアドバイザーとして複数の企業のCEOや経営陣をサポートしています。

　経営者が俯瞰的・多角的な視座を持つことは常ですが，「距離を置いて」自社を見ることはなかなか困難です。そこを補完する役割が，筆者も担っている「独立社外取締役」，そして「株主・投資家」です。

　経営者の1人が投資家との面談の後にしみじみとつぶやいたことがあります。

　「投資家の皆さんとの対話は，質の良い『コーチング』に似ている。自分が対応すべき課題についての『気づき』が得られ，進むべき道が見えた」

　株主・投資家は，資金提供者から受託した資金を投資し，資金提供者のリターンを最大化するという受託者責任を負っているため，企業の成長を「我がこと」として捉えています。そして，優れた投資家はその企業のみならず，時として世界中の同業企業の事業に精通しています。そのような「コーチ」を得られることが，上場の大きなメリットの1つであることは間違いありません。そのメリットを活かし切るためには，建設的な対話が必要となります。

　経営者の方には建設的な対話の土台を主体的に構築し，株式市場，投資家との対話を推進することで，さらなる成長を目指していただきたいと真摯に願っています。本書に含まれるさまざまな実践のための指針が，読者の皆さんが所属する企業にとってこの激動の時代を乗り越えるためのヒントとなれば幸いです。

　最後に，下記は上場企業の方とお話ししている時に「誤解しているな」と感じることが多い10項目です。

　皆さんはどこが間違っているのか，おわかりになりますか？

●「ありがちな誤解」10項目！

　1．株主との面談では，時間いっぱい，丁寧に自社について説明している
　2．株主は皆，ポジティブ・サプライズが好きだ

3．中長期視点の投資家は短期業績にこだわらない

4．せっかく訪問してくれた投資家には前四半期だけでなく，直近の事業進捗を教えたい

5．海外機関投資家と積極的に会わなくても，日本の機関投資家と密に対話していれば十分だ

6．既存株主は株価形成に役立たないため，新規株主を常に探す必要がある

7．決算発表資料の完成が発表前日なので，英語版の公開が数日遅れになるのは仕方ない

8．自社事業がSDGsの何番に対応しているかを明記することでESG開示を十分に行っている

9．CSRは「社会貢献＝慈善事業」を指し，ESGとは別の概念だ

10．コーポレートガバナンスとは，内部統制やコンプライアンスを正しくオペレーションすることだ

本編で，それぞれの項目についてご説明したいと思います。それでは始めましょう。

目　　次

第4章

押さえておくべき基礎知識──コーポレートガバナンス

第5章

海外投資家も視野に入れる──何を準備すればよいか

第6章

面談（対話のためのミーティング）を実践する ·············· 83

第7章

社内IRをやってみる ────────────── 115

第1章

誰と対話するのか
——対話相手のターゲティング

☑ 株主・投資家は,「中長期視点」と「短期視点」,また「機関投資家」と「個人投資家」に分類されます。

☑ どのカテゴリも重要であり,平等なコミュニケーションが基本です。

☑ ただし,建設的な対話の筆頭となるのは「中長期視点」の「機関投資家」。「対話相手」となってもらえるよう,ターゲティングしましょう。

1 │ 建設的な対話のためにターゲットとすべきは「中長期視点」の「機関投資家」

　経営者の方とお話ししているときに,次のようなコメントを聞くことがあります。

■「配当性向の引上げ」,「自社株買いの実施」を強く要求する投資家がいる一方で,「株主還元ではなく積極的な事業への再投資」を望む投資家もいて,意見がバラバラ。
■統合報告書を作成しても,読んでいる様子がない。
■コーポレートガバナンス・コードに従ってサステナビリティ関連の情報開示をしているが,投資家との面談では四半期決算の内容が中心で,相手によっては「足元の状況」についての質問しかされないこともある。

　投資家はさまざまな異なる視点を持っています。そのため,経営陣に伝える意見や要望が異なります。経営者の方が上記のように混乱している理由は,投資家を「視点によって正しく分類」することなく「十把一絡げ」にしているこ

とにあると思われます。

　では，投資家をどのように分類すればよいのでしょうか？

　投資家のみならず，さまざまな対象・事象を分類するとき，筆者は，まず「2軸4象限」に分類して考えるようにしています。**図表1-1**を見てください。軸の定義は無数にありえますが，ここでは，企業が株式市場との対話を考える際の最も基本的な軸を「視点の長さ」と「投資家属性」としました。

　なお，ここでは主に「アクティブ投資（個別銘柄を厳選して投資する運用方法）」に焦点を絞って説明しています。「パッシブ投資」については本章6(2)「「パッシブ運用の台頭」とは？」をご参照ください。

図表1-1　投資家の基本的な分類

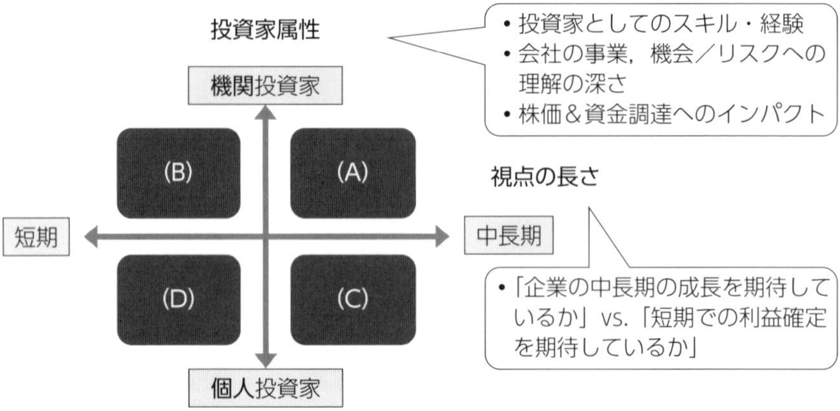

2 ｜ 対話相手選定のためのカテゴリ分類

（A）「中長期視点」の「機関投資家」

　結論からいうと，このカテゴリが対話相手として最もふさわしい投資家です。

　当然のことながら，経営者の方は企業を持続的に成長させることで中長期的な企業価値の向上を目指しています。このカテゴリの投資家は，中長期的に成

長するポテンシャルを持つ企業を見定めて投資しているため，視点の長さが経営者と似ています。投資の専門家としての経験に富み，投資対象企業が持つ「成長機会」と「課題」を深く理解しています。また，投資資金が大きいため，売買の際の株価へのインパクトも大きくなります。

　なお，時々誤解されていることがあるので補足しますが，必ずしも「中長期視点」イコール「中長期保有」ということではありません。「この企業は中長期的に成長するだろう」と考えて株式を購入したとしても，何らかの理由で考えが変わった場合には短期間で売却することもありえます。

　このカテゴリの投資家がすでに株主として皆さんの企業の株式を保有している場合には，対話をさらに深めていくとよいでしょう。既存の中長期視点の機関投資家との対話を深め，そこからのフィードバックを経営に取り入れることが，他の中長期視点の機関投資家からの投資をさらに集めることにつながります。

　既存株主の中に対話相手になりそうな投資家がいなければ，ここに挙げたカテゴリを意識しながら新たにターゲティングしたうえで開拓する必要があります。

　このように，まずは「既存の株主」，「ターゲット投資家」から「中長期視点の機関投資家」を抽出し「対話相手」を定める――これが株式市場との建設的な対話の第一歩となります。

（B）「短期視点」の「機関投資家」

　自身の保有期間内（短期）に投資効果を最大化させることを狙う機関投資家です。業績開示やさまざまなイベント等による株価の変化を軸に売買する場合も多くあります。環境変化等による株価下落を見越しショート（空売り）を併用するヘッジファンド等の投資家も含まれており，「中長期的な企業価値の最大化」を目指す経営者とは視点が異なります。

　しかしながら，このカテゴリには資金規模の大きい投資家もおり，かつ頻繁に売買することも多いため，売買時の株価へのインパクトが大きく，「流動性確保」には欠かせない存在といえます。

（C）「中長期視点」の「個人投資家」

　いわゆる「ファン株主」です。中長期視点で企業の成長を期待している個人

から形成され,「事業成長への確信」,「事業・サービス内容への賛同」,「配当・株主優待への期待」等が保有の主な理由として挙げられます。

　B2C事業においては自社製品・サービスの消費者と重複する場合があるため,その意見が経営に活用されることも多いでしょう。一方,経営・執行そのものに関する専門知識については,少数の例外を除いて投資のプロである機関投資家には及びません。

　重視すべき層ではあるものの,「経営・執行に活用すべき対話」の相手として取り上げられることは少ないと思われます。

(D)「短期視点」の「個人投資家」

　「短期的な投資効果」を狙う個人投資家で「デイトレーダー」を含みます。短期視点であり,また資金規模や株価へのインパクトは一般的に小さく[1]対話相手としてクローズアップされることは少ないと思われます。

　（C）と（D）の個人投資家は機関投資家と反対の動きをする（たとえば,機関投資家が売却して株価が下がっている時に逆に買い増す）ことがあり,株価変動率が高い時の安定化に貢献するといわれています。

　このように,4つのカテゴリの投資家の性質は異なります。

　たとえば,最初に記載した経営者のコメント「投資家は配当について異なる意見を持っている」という点について考えてみましょう。企業が「配当性向の引上げ」を発表すると歓迎する投資家は多くいますが,（A）の「中長期視点の機関投資家」の多くは,投資資金を返却されるよりも事業に再投資して成長してもらいたい,資金が余っているのであれば自社株買い等で還元してほしいと考える傾向にあります（高い配当利回りが株価を支え,株価変動率を低下させること等から,配当性向引上げを好む中長期視点の機関投資家も存在します）。

1　最近では,米国の「ロビンフッド」アプリ利用者である個人投資家がソーシャルメディア等を通じて結託し,「ゲームストップ」等の株価に大きなインパクトを与えたケースも例外として存在します。

　また，短期視点の投資家は「機関投資家」，「個人投資家」にかかわらず，ESG/サステナビリティや統合報告書にはあまり興味を持たないかもしれません。

　投資家と話す際にこのカテゴリ分類を参考にすれば，相手の発言をより明確に理解できます。

3 | アクティビストはどのカテゴリに含まれるか？
〜アクティビストにも「短期視点の投資家」と「中長期視点の投資家」の両方がいる〜

　ここで，読者の方は「では，アクティビストはどのカテゴリに含まれるのだろう？」という疑問を持たれるかもしれません。

　一言にアクティビストといっても，その性格はさまざまです。2000年代後半のアクティビストには（B）「短期視点の機関投資家」が多くいました。このようなアクティビストの場合，余剰資金を保有する上場企業の株式を購入したうえで配当や自社株買いを通じた株主還元を要求し，会社側が株主還元を実施，あるいは発表した後に売却し，利益を得るケースが多くみられました。

　現在も日本ではアクティビストの評判が悪く，経営者の方の多くは「関わりたくない」と考えていると思います。しかし，海外ではアクティビストは「エンゲージメント・ファンド[2]」にかなり近いものとして，必ずしも忌避される存在ではなくなっています。

　最近では（A）「中長期視点の機関投資家」に含まれ，上場企業の課題（経営者の不適格性，事業再編の必要性，資本効率の低さ，ESG/サステナビリティ課題への取組み不足等）を解決することで企業価値を上げることを目標としているアクティビストも多く存在します。課題解決の後，アクティビストが売却（エグジット）した後でも，時価総額が上昇したまま高い水準を維持し，中長期の企業価値向上に貢献したケースもみられます。

2　エンゲージメント・ファンドとは，投資家の議決権や発言権を活用して，直接的かつ柔軟に経営者に働きかけるファンドをいいます。

4 │ 対話相手の候補を「中長期視点の機関投資家」に定めると「株主平等の原則」に反するか？

対話相手として，まずターゲットしたい相手は（A）「中長期視点の機関投資家」ですが，それ以外の株主・投資家を軽んじてよいわけではもちろんありません。

「株主平等性の確保」はコーポレートガバナンス・コードでも真っ先に挙げられている重要な原則です。情報提供（双方向的なコミュニケーションを含みます）においても，公平性を保たなければなりません。

たとえば，短期視点の投資家がESG関連情報には興味がないだろうと判断して，その情報の提供を中長期視点の投資家のみに限定すべきではありません。興味を持つすべての投資家がアクセスできるよう，ホームページに掲載する必要があります。

また，安定的な株価形成のためには，4つのカテゴリがバランス良く含まれた株主分布が望ましいといえます。

前述のとおり，個人投資家は株価変動が激しいときの安定化に貢献するといわれます。短期視点の投資家（機関投資家・個人投資家）は頻繁に売買するため，流動性向上に寄与します。すべてのカテゴリの投資家が，企業にとって必要な存在なのです。

それぞれのカテゴリの株主・投資家を尊重し，適切なコミュニケーションを行う，その傍らで，対話相手となりうる「中長期視点の機関投資家」に株主でい続けてもらい，経営・執行について良質で建設的な対話を実践することで企業価値向上を目指す——これこそが，上場企業が取り組むべきことといえます。

5 │ 「既存株主は株価形成に役立たない」という誤解

上場企業の方からは，しばしば「新しく株主を開拓するためには何をすれば効果的でしょうか？」，「証券会社主催のカンファレンスに参加し，できるだけ多くの投資家に会っているのですが，株価上昇につながりません」という疑問の声を聞きます。

　筆者が関わった上場企業にも，証券会社主催の国内外カンファレンスに頻繁に出席して多くの外国人投資家と面談を重ねていた企業がありました。面談リストを確認したところ，それらの外国人投資家の多くが，実は「短期視点の機関投資家」の代表格である「空売りも行うヘッジファンド[3]」であることがわかりました。この企業は，空売り残高の増加と高い株価変動率に悩んでいたのですが，その原因は「2．対話相手選定のためのカテゴリ分類」でお伝えした「カテゴリごとの投資家特性」を考慮せずにプロモーション活動をしていたことにあったのです。

　このように，積極的なプロモーション活動を闇雲に実施してしまう原因は，「新規投資のみが株価形成に役立つ」という考えをお持ちの方が多いことにあります。

　新規投資が株価上昇の効果をもたらすことは，間違いないでしょう。しかし，それは「既存株主は株価に影響をもたらさない」ということではないのです。

　既存株主は，投資先企業のバリュエーション（企業価値評価）を行い「理論価値」を算出したうえで投資しています。株主であるため，対象企業の事業・財務を含めた経営を深く理解しています。たとえば，ある出来事（短期的な業績悪化等）による株価下落が発生したと仮定しましょう。常日頃から建設的な対話をしていれば，「企業価値を本質的に変える出来事か否か」の判断を下しやすいはずです。それが「一時的な出来事」であって本質的な企業価値は変わらないということを確信できれば，その既存株主にとって，その株価下落は「組入れ金額拡大の好機」にもなりえます。もともと投資規模が大きい株主であれば，組入れ金額の変化が対象企業の株価動向に一定の影響をもたらします。

　既存株主との建設的な対話は，事業・財務戦略の改善や開示資料のブラッシュアップ等につながります。

　また，グローバルにリスペクトされる「中長期視点の投資家」に保有されると（特に大量保有報告書が提出されると），投資家同士のネットワーク内で注目され，株式市場における評価向上につながるという想像以上の効果がもたら

3　ヘッジファンドとは，先物取引や信用取引などのデリバティブを積極的に活用することで高いリターンを追求するファンドをいいます。

されます。

　新規投資呼込みのためのプロモーションはもちろん有意義なことではありますが，十分な質と量の開示資料や株式市場に対する理解なしに行っても，中長期視点の投資家に株主になってもらうことは難しいと思われます。比類なく卓越した事業モデルを有し，潤沢な経営資源（資金および人的資源等）がある会社であればその限りではないかもしれませんが，一般的に企業の経営資源は限られています。限られた経営資源のもとでの優先順位として，まずは開示資料の質と量を十分に向上させることが重要です。そして，既存株主と建設的な対話を行うことで，おのずと経営の質，そして開示資料の質と量は向上します。そのうえで，新規株主獲得に余力を割くべきであると考えます。

6 ┃ パッシブ運用の増加とアクティブ運用の減少

　本書の「はじめに」で，株式市場の環境変化の1つとして「パッシブ運用の台頭」を挙げました。これは株式市場との対話にも影響を与える大きな流れなのですが，読者の皆さんが日常的に接する情報ではないかもしれません。

　そのような状況の中，突然「アクティブ投資が減少傾向にある」とだけ聞くと，「今まで実施してきたIR活動は不要になるのだろうか？」，「『株主との対話』とはパッシブ投資家と『エンゲージメントを実施する』ことだけを指すのだろうか？」という誤った考えに陥ってしまうかもしれません。

　結論からいうと，上場企業は今後もアクティブ運用投資家を重視し，対話を続けていく必要があります。

(1)　「パッシブ運用」，「アクティブ運用」とは？
　　　～「パッシブ運用」はさまざまな指数の構成銘柄への投資，「アクティブ運用」は個別銘柄への投資～

　パッシブは英語で「受け身」の意味です。本来，パッシブ運用とは「TOPIX（東証株価指数）」や「日経225」等，市場全体の値動きと同様の投資成果を目指す運用を指していました。それが「受け身」といわれたゆえんです。

　現在では「パッシブ運用」はさまざまなインデックス（株価指数）に紐づい

た投資を指します。たとえば，高配当銘柄を集めた指数やESG関連指数等，必ずしも市場全体の値動きに連動しないファンドも存在しますが，広義の「パッシブ運用」はこのようなインデックス・ファンドを包含します。

　パッシブ運用の反対語としては「アクティブ運用」があります。アクティブ運用とは，株価の上昇が期待される銘柄に厳選して投資することであり，TOPIX等のベンチマークを上回る投資成果を目指す運用手法です。

(2)　「パッシブ運用の台頭」とは？
〜日本における「パッシブ比率」は半数を大きく超えている〜

　それでは，昨今の株式市場において，パッシブ運用の割合はどれくらいになっているのでしょうか？　まずは，日本取引所グループの「2021年度　投資部門別株式保有状況」を確認してみましょう。図表1-2を見てください。

図表1-2　日本取引所グループにおける投資部門別株式保有状況

属　　性	株式保有割合 （金額ベース）
政府・地方公共団体	0.2%
金融機関	30.0%
証券会社	2.7%
事業法人等	20.0%
外国法人等	30.4%
個人・その他	16.6%

（出所）日本取引所グループ　「2021年度株式分布状況調査の調査結果について」
https://www.jpx.co.jp/markets/statistics-equities/examination/01.html

　全保有残高の30％が「金融機関」，つまり日本の「投資顧問」と「投資信託」等を通じて保有されていることがわかります。

　さらに，「投資顧問」，「投資信託」のそれぞれの中身を確認してみましょう。「投資顧問」，つまり年金運用における運用方法のトレンドを見てみましょう（図表1-3）。2022年に実施したアンケート結果によると，投資残高の69％が「パッシブ運用」されていることがわかります。アクティブ運用はわずか31％なのです。パッシブ運用が年々増加傾向にあることも，このグラフから見て取

図表1-3　パッシブ運用の台頭（国内投資顧問）

投資顧問会社（年金運用等）の日本株（上場株式）投資残高

（単位：兆円）

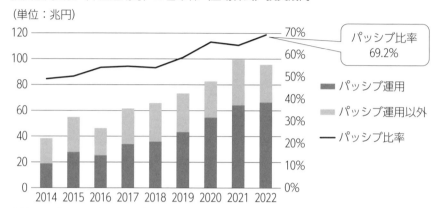

（注）2014年〜2016年はインデックス運用とインデックス運用以外。
（出所）日本投資顧問業協会「日本版スチュワードシップ・コードへの対応等に関するアンケート（2014年〜2022年実施分）をもとに筆者作成

図表1-4　パッシブ運用の台頭（国内投資信託）

公募株式投信における国内株式への投資額とETF比率

（単位：兆円）

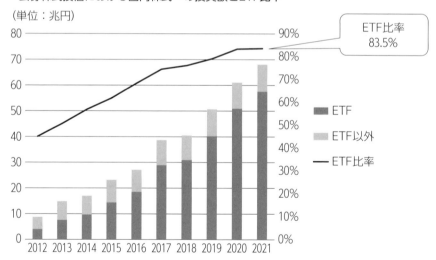

ETF：特定のインデックス（日経平均株価やTOPIX，MSCI，FTSE）等に連動する運用成果を目指し（パッシブ運用），東京証券取引所などの金融商品取引所に上場している投資信託。

（出所）投資信託協会「投資信託の主要統計」（2021年12月末）をもとに筆者作成

れます。

　一方，**図表1-4**は国内投資信託の残高の図です。

　ETF比率が84%を占めています。ETFとは，TOPIXや日経225等，特定のインデックスに連動した上場投資信託で，パッシブ運用の代表格です。ETF以外の残高においてもパッシブ運用ファンドが2割程度あるといわれているため，日本の投資信託の9割近くがパッシブ運用されているといえそうです。

　それでは，海外ではどのような状況でしょうか？

　Bloombergによると，米国における「米国株運用ファンド」ではパッシブ運用が53.8%（2020年末）となり，その割合は増加傾向にあります[4]。

　一方，「海外株式運用ファンド」では，パッシブ運用が41.4%に留まっています。この割合は比較的安定して推移していて，アクティブ運用が存在感を保っています。

　欧州ではどうでしょう？

　モーニングスターの調査によると，2021年の欧州籍のファンドにおけるパッシブ比率は20%超とのことで，年々増加傾向にはあるものの，他地域に比べてアクティブ運用の割合が大きいようです[5]。

⑶　「パッシブ運用」はなぜ増加傾向にあるのか？

　なぜ日本を筆頭に，米国等においてもパッシブ運用がこんなにも台頭してきたのでしょうか？

　理由はさまざまですが，日本においてはGPIF（年金積立金管理運用独立行政法人）の株式投資拡大，日銀のETF購入，インデックス投信の成長等が挙げられます。

　では，なぜインデックス投信が成長しているのでしょう？

　主な理由としては，アクティブ運用における「高コスト」と「運用成績の不振」が挙げられます。

4　（出所）https://about.bloomberg.co.jp/blog/passive-likely-overtakes-active-by-20-26-earlier-if-bear-market/
5　（出所）https://www.morningstar.co.jp/fund/analyst/2021/2q/MFA120210611.html

アクティブ運用においては，アナリストやファンドマネジャーが市場環境や個別企業の事業を調査し，投資先を厳選します。その運用報酬がパッシブ運用よりも高くなるのは当然です。

一方で，アクティブ運用における運用成績はパッシブ運用よりも必ず高くなるというわけではありません。世界的に有名な投資家であるウォーレン・バフェット（バークシャー・ハサウェイ社のCEO）でさえ「株主への手紙」で次のように伝えています。

「私から皆さんへの助言は，妻のために作成した遺言書における管財人への指示と同じです。その指示はとてもシンプルで，資金の10%を短期国債に，90%を非常に低コストのS&P500インデックス投信に回すというものです。この方針に沿って運用する信託財産の中長期的な運用結果は，高い報酬のファンドマネジャーを雇う投資家によるファンドの運用成績の多くを上回るでしょう」[6]

では，パッシブ運用の割合が世界的に増加傾向にある中で，企業が「投資家に株式を保有してもらうために働きかける」には何をすればよいのでしょうか？

⑷ 「アクティブ運用投資家」は，どのように株式の売買をするのか？ ～利回りが高いと思われる銘柄を厳選して投資し，状況により売却する～

まずはアクティブ運用の投資家について考えてみましょう。

アクティブ運用を行う投資家が株式を保有する場合には，「株主総利回り＝TSR（Total Shareholder Return）」，つまり「株価の上昇や株主還元が期待される銘柄を厳選して投資」します。したがって，上場企業にとっては「選んでもらう」ことが重要になります。

「選んでもらう」ためには，投資家にとっての収益がTOPIX等のベンチマークだけでなく，たとえば同業他社を上回る，下記のような可能性を示す必要があります。

---

6 （出所）https://www.berkshirehathaway.com/letters/2013ltr.pdf

> （A）「事業機会」の最大化と「事業リスク」の最小化
> 　　顧客・社会のニーズにマッチした製品・サービスを提供することで利益を成長させるとともに，「事業リスク」の最小化，つまり自社が抱える課題を解決することによる時価総額の拡大
> （B）**適正な株主還元**
> 　　配当や自社株買いによる適切な株主還元の実施

　（A）と（B）の両方を適切に行うことで，株主総利回りが最大化される可能性が高い，ということについて納得してもらわなければなりません。

　保有している企業の時価総額が「理論上の株主価値」よりも高い場合，アクティブ運用投資家は一般的に株式売却を検討します。事業の成長性に対する見通しが悪化した場合や経営者への信頼が低下した場合，つまり「理論上の株主価値」が下がった場合がここに含まれます。株式市場における対象企業への期待が過熱し時価総額が上がりすぎている場合も同様です。

　なお，エンゲージメント活動（建設的な目的を持った対話。経営陣との対話や，株主総会での議決権行使や株主提案が含まれる）を重視するアクティブ運用投資家やアクティビストの場合は，課題を解決することによる「理論価値」の上昇を目指します。

　アクティブ運用投資家の中にはショート（空売り）を含むさまざまな運用手法を活用するヘッジファンド等も含まれます。空売りとは，企業の株価が近い将来下落すると考えた場合に高値で空売りし，株価下落後に買い戻すという手法です。

　最終的には「売却」という選択肢を持っていることが，すべての「アクティブ運用投資家」の最大の特徴です。

⑸　「パッシブ運用投資家」は，どのように株式の売買をするのか？
　　～個別銘柄を売買せず，インデックスに連動するよう運用する～

　パッシブ運用においては，投資家は個別企業を選別しません。パッシブ運用の大部分を占めるインデックス運用投資家は，前述したとおり，TOPIXや日経225，さまざまなESG指数等のインデックスの構成銘柄をその構成割合に従って買い，ファンドを構築します。ファンド規模に変化がある場合には，構

成割合を保ったまま個別銘柄の組入れ額を一律に変えます。

　エンゲージメント活動においても，パッシブ運用投資家の目的や手法はアクティブ運用投資家とは異なります。

　アクティブ運用投資家は前述のとおり対象企業特有の課題について改善を求めますが，パッシブ運用投資家は株式市場全体に共通する課題（環境・社会等）について働きかけます。

　投資対象企業に何らかの問題が発生した場合，アクティブ運用投資家は最終的には売却という手段を選ぶことがあります。これに対し，パッシブ運用投資家は売却することなく保有し続け，対話や議決権行使により是正を図ります。

　ただし，エンゲージメント対象としては，インデックスへの影響度が大きい企業，つまり時価総額が大きい企業や，課題自体への影響度が大きい企業が優先されます。インデックスへの組入れが小さい企業についてはエンゲージメントの優先度が低くエンゲージメント対象にならないこともありえますが，パッシブ運用投資家は主要企業への働きかけを通じて課題に関するメッセージを発することになります。

⑹ パッシブ運用投資家に保有してもらうためには何をすればよいか？　～アクティブ運用投資家にアプローチして時価総額を上げることが必要～

　答えは「インデックスに組み入れられること」です。

　ところがインデックス組入れには流動時価総額等が影響することが多く，大型株銘柄企業に比べ中小型株銘柄企業にとっての難易度は高くなります。

　インデックスに組み入れられれば，株式が買われるため時価総額拡大につながります。しかし，時価総額が大きくなければ，インデックス組入れは難しく，

図表1-5　アクティブ運用投資家へのアプローチの重要性

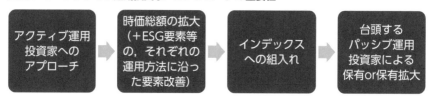

組入れによる株価上昇も望めません。有名なパラドックス「鶏が先か，卵が先か」に似ていますね。

　結局のところ，パッシブ運用ファンドに保有してもらうためにも，アクティブ運用ファンドへのアプローチが重要だということになるのです。

　なお，アクティブ運用残高が減少傾向にある現在でも，「大型のパッシブ運用ファンドに含まれない『中小型株銘柄企業』の成長性に着目して，高いパフォーマンスを追求する『アクティブ運用ファンド』が今後盛んになる可能性がある」という見方もあります。

　本項の最初で「パッシブ運用が増加しているため，IR活動は必要なくなるのではないか」という質問を受けることがあるという話をしましたが，パッシブ運用が拡大する中でも，株主価値に基づいた売買行動を通じて株価を動かすのは主にアクティブ運用ファンドの役割であり，自社事業や戦略についての「株式市場との対話」が重要であることに変わりはないことを，本項を通じて再認識していただければ幸いです。

　本章では，株主・投資家を「視点の長さ」と「投資家属性」という基本的な2つの軸で分類しました。また，機関投資家が「パッシブ運用」と「アクティブ運用」という2つの運用方法で分類されることについても言及しました。

　他にもさまざまな分類方法がありえます。たとえば，機関投資家の国籍が「国内」か「海外」かという分類は常に意識すべきです。

　海外投資家をターゲットする際に留意すべき点については，第5章をご参照ください。

第**2**章

何を対話するのか
——対話の土台としての情報開示

1 最初にやるべきこと

　読者の皆さんが，重要な施策や方針を決めるために社内で経営会議を開催するとき，通常は担当部門や担当者が「原案」を提案し，その「原案」を土台にして，会議参加者が意見を述べ，結論に辿り着きますよね。

　株式市場との建設的な対話も同様です。

　図表2-1は，「株式市場との対話」に含まれる事項のイメージです。

図表2-1　株式市場との対話

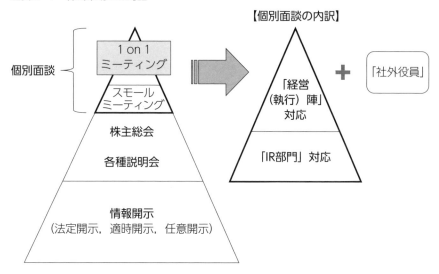

　対話のベースには，情報開示（法定開示，適時開示，任意開示）があります。

　株主・投資家に対して質・量ともに十分な情報が提供されていなければ，面談の目的が対話ではなく「投資家への情報インプットの時間」となってしまいます。また，十分な理解ができていない状況で投資家が企業に質問し意見を伝えたとしても，対話はすれ違いの「空中戦（曖昧な論点を中心に繰り返される議論）」に終わり，建設的とはいえないものになります。

　そのため，建設的な対話を効率的に進めるためには，まず丁寧な情報開示が必要となります。

　有価証券報告書や決算短信，決定・発生情報に関するリリース等の「法定開示，適時開示」だけに留まらず，「投資判断に必要な企業情報」を各社が判断し，自主的に開示しなければなりません。「事業・財務戦略」，「ターゲットとする市場と現在の市場シェア」，「自社の強み・資本」，「さらに成長するために解決すべき課題とその解決方法」，「中長期目標」等，経営にあたって重要な要素を定性的・定量的に伝える必要があります。

　しかし，上場企業の経営者からは「情報開示により，自社の戦略や事業状況が競合に明らかになってしまう。重要な事業関連のデータ，戦略はなるべく開示したくない」というコメントを聞くことがあります。

　しかしながら，情報開示は上場企業の責務なのです（20頁のコラム「会社は誰のものか」を参照）。

　情報開示ができないのであれば，上場する前に上場以外の方法を模索すべきです。いったん上場してしまえば，MBO等により非上場化することは非常に困難です。つまり「責務」を果たす以外に方法はないのです。

　たとえば，新規事業を開始する場合，軌道に乗るまでは戦略や進捗について守秘が必要な場合もあるでしょう。しかしながら，主軸事業の戦略・目標・進捗等は「投資判断」に絶対必要な情報ですので，開示が必須です。こうした情報を開示することで競合に劣後するのであれば，自社の事業モデルがすでにコモディティ化（付加価値が高かった商品の市場価値が低下し一般化すること）している可能性があることにも留意すべきだと思われます。

　適切な情報開示を行ったうえで，決算説明会や事業説明会等の「一対多」の対話の場があります。ここでは，質疑応答等によるインタラクティブな対話が

発生します。

　図表2-1で，株主総会については，IR活動の一環としての説明会とは意味合いが異なりますが，「一対多」の対話の場であることから，図に入れています。

　そして，「個別面談」はさらに個別で対話したいと考える投資家との対話です。個別面談には大きく分けて「1on1ミーティング」（投資家1社と自社との面談。1社の投資家から複数のファンドマネジャーやアナリストが参加する場合もある）と「スモールミーティング」（投資家複数社と自社との面談）があります。

　図の右側の小さい三角で示したとおり，個別面談は対応者によって分類することができます。

　一般的な対応者はIR部門，CFO，CEOとなりますが，状況に応じて，COOや各事業部門の責任者に対応してもらってもよいでしょう。投資家の視点の長さ，株主か否か，株式運用資産規模，運用スタイル，投資家が興味を持っているポイントが何か等を勘案したうえで決定します。

　また，昨今では社外取締役，社外監査役と株主との対話が増加傾向にあります。2020年に経済産業省が公表した資料[1]によると，同省の調査に回答した社外取締役の10％が株主・機関投資家との対話を行っています。

　機関投資家が社外役員と対話をする場合には，詳細な事業運営についてディスカッションするわけではありません。「取締役会の運営」，「役員報酬制度」，「中長期の経営方針」，「サステナビリティへの取組み」等，中長期的な企業価値向上に関するテーマが取り上げられます。

　このように対話の形は多様ですが，すべてのベースにまずは「適切な情報開示」があるのです。

1　経済産業省「第17回CGS研究会（第2期）社外取締役の現状について」（2020年5月13日）

> **コラム**

会社は誰のものか

　上場企業について話す際に，筆者が大前提としている考えがあります。それは「会社は誰のものか」ということです。

　「会社は誰のものか」についてはさまざまな考え方があり，これまでも深く議論されてきました。

　このテーマについて考えるとき，筆者はまずは「会社は誰のためのものか」について考えます。

　質問が「誰のため」というのであれば，回答は「会社は『すべてのステークホルダーのため』のもの」で間違いないでしょう。企業はあらゆるステークホルダー，つまり「顧客」，「取引先」，「従業員」，「株主・投資家」，「地域・社会」等に貢献することで成長するからです。

　上記の中に満足していないステークホルダーが１グループでもいれば，その会社が持続的に成長することは難しいはずです。

　例を挙げてみましょう。

　従業員が労働環境に不満を持ち，業務への熱意を失えば，働き方がおざなりになり，離職率も増えます。そのような中では，製品や利用者へのサービスの質が下がります。質が下がれば，購入者・利用者は減少します。

　売上・利益が減少すれば，従業員が満足できるような労働環境や報酬を与えることができなくなります。従業員のモチベーションはさらに下がります。

　このように，一度悪循環が始まってしまうと，途中で流れを変えるのは至難の業です。

　従業員だけではありません。他のステークホルダーが満足していない場合にも，同様の悪循環が発生します。会社が成長するためには，すべてのステークホルダーの協力と満足が必要なのです。

　一方，質問が「会社は『誰のもの』か」であればどうでしょう？

　この回答については，筆者は以下のように考えます。

　「会社は株主のものである」

　会社の持ち主は株主であり，経営陣は，株主から委託されて経営を担うという建てつけです。

　「預かりもの」であるため，株主に事業内容について詳しく説明し，経営状況について適宜報告する義務があります。また，持ち主の意向を無視して勝手な方針を打ち立て，経営を行うわけにはいきません。きちんと説明して理解を求める必要があります。

　この考えが「株主との対話」のベースとなるのです。

　いわゆる「オーナー社長」が経営を行う企業においても同様です。オーナー社

長や関係者が自社株式の半分以上を保有していたとしても，それ以外の株主（少数株主）も「会社の共同持ち主」となるのです。

本書「はじめに」の「4　『株主との対話』とコーポレートガバナンス・コード」に記載のとおり，上場企業においては現時点で株式を保有していない投資家は「潜在株主」，すなわち「潜在的な『会社の共同持ち主』」となります。そのために，潜在株主を含めた「株式市場」との対話を避けて通ることはできないのです。

なお，「会社の持ち主」である株主の権利（株主権）は以下のとおりです。
- 株主総会に参加して議決に加わる権利（議決権）
- 配当金などの利益分配を受け取る権利（利益配当請求権）
- 会社の解散などに際し，残った会社の資産を分配して受け取る権利（残余財産分配請求権）

2 「サプライズ」は企業価値を下げる可能性がある

「中長期的な視点の投資家はネガティブ・サプライズのみならずポジティブ・サプライズも求めていません」

このようにお話しすると，上場企業の経営者は皆さん，「ネガティブ・サプライズを嫌がるのはわかるが，ポジティブ・サプライズもダメなのか？」と驚きます。「ポジティブ・サプライズがあると株価が上昇するから，株主にとって良いことなのではないか？」と考えているのです。

この点について，多くの投資家が企業価値算定のベースとしているDCF（Discounted Cash Flow/割引キャッシュフロー法）から考えてみましょう。

この算定法では，将来のキャッシュフローをWACC（Weighted Average Cost of Capital/加重平均資本コスト）で現在価値に割り引きます。将来のキャッシュフローが同一であれば，WACCが大きければ大きいほど現在価値は小さくなります。

つまり，会社の「現在価値」を最大化するためには，WACCを最小化することが有効となるのです。

WACCは株主資本コストと負債コストの加重平均で求められます。株主資本コストだけを取り上げた場合，その計算式は「リスクフリーレート＋β×株式リスクプレミアム」で表されます。「リスクフリーレート」と「株式リスク

プレミアム」は基本的にすべての上場企業で同一となるため，異なるのは「個別銘柄のリスク調整係数」である β 値のみとなります。

β 値は，株式市場全体と個別企業の株価の相関関係を示す指標です。株価変動が高い企業の β 値は高くなります。

「ポジティブ・サプライズ」であっても，それによる株価変動が大きければ，β 値を高めることになります。WACCが高くなり，将来キャッシュフローを割り引いた際の現在価値，つまり現時点での時価総額が小さくなる，というのがDCFに基づいた理論的な説明です（なお，将来キャッシュフローの増大等につながるポジティブ・サプライズの場合には，本質的な企業価値や株主価値が向上しますので，現在価値が小さくなるとは一概にはいえません）。

また，そもそも「サプライズが頻発する」原因は，①企業が自社の「事業機会」と「事業リスク」を十分，かつ，誠実に株式市場に説明していない，あるいは②企業が自社の「事業機会」と「事業リスク」をコントロールできていない，ということにほかなりません。どちらにしても，中長期的な視点を持つ投資家にとっては安心して投資しづらい株式であることを，ご理解いただけると思います。

3 ┃ 情報開示は「PR」？
～IRとPRの違いを認識する～

日本企業の情報開示量は，一般的に海外企業に比較して多いといわれています。実際に，時価総額が大きく，人材・資金等のリソースを十分に持つ企業は，質・量ともに充実した開示を行っています。

一方で，プライム市場上場企業であっても時価総額が数千億円に満たない企業については，「投資家が必要とする情報が十分に提供されていない」と感じることが多々あります。そして，その原因の1つが「経営者がIRとPRを混同している」ためであると考えられます。

IRとPRの違いはどこにあるのでしょうか？

1つ目の違いは「対象」です。PRはマルチステークホルダーを対象にしており，IRは株式市場を対象としています。

　2つ目は，コンテンツです。乱暴な言い方かもしれませんが，PRにおいて企業は「アピールしたいこと」をさまざまな効果的な方法でマルチステークホルダーに伝えます。不祥事等が発生した「有事」には謝罪や問題となる案件に関する詳細説明，課題解決のための施策の説明等が必要になりますが，有事以外のPRでは「ポジティブな内容」を伝えることが中心となっています。

　IRにおいても「アピールしたいこと」，つまり「社会・環境・顧客に役立ち，競合他社と差別化された商品・サービスを提供しており」，「比較優位性を活用して」，「今後もさらに役立つことで大きく成長できる」という「機会」について説明し理解を得ることは重要です。

　特に「差別化」や「比較優位性」，つまり「強み」について語ることは重要です。機関投資家は，上場企業群の中から自身の投資ポートフォリオに組み入れる銘柄を選定します。同じような特徴を持つ複数の企業には投資しないため，企業は自社の差別化要素について語ることが重要となります。人的資本，技術資本，現在の市場シェア，ブランド価値等，同業他社にとって大きな参入障壁が存在するのであれば，前面に出してアピールすべきです。

　しかし，それと同時に「今後の成長を最大化するために障壁となりうる課題」と「その課題をどのように解決するのか」について伝えることがIRでは重視されます。特定の「課題」によって企業価値が現在の水準に留まっているのであれば，その「課題」は，企業価値を大きく拡大させる可能性を持つ「伸びしろ」となります。また，将来的に企業価値低下に結びつく「課題」がある場合には，芽が小さいうちに「みえる化」し継続的に取り組むことが，将来の成長にとって不可欠です。

　経営者がこの「IRとPRの違い」を理解せず，しかも同業他社と比較した際の「強み」も語らずに一方的な「アピール」だけを行うのでは，投資家のニーズに応えておらず，コミュニケーションとしてのレベルが低いと言わざるを得ません。これでは中長期視点の投資家に株式を保有してもらうことは困難です。

　「IRとPR」——似ているようで大きく異なる2つの概念の違いを認識することが重要です。

4 事業モデルを可視化しているか？

　筆者は，上場企業の経営者の方から悩み相談を受けることがありますが，必ず事前に対象企業のウェブサイトを一通り確認することにしています。その際，「事業モデル」を明確に理解するための説明が不足していて困惑することが多くあります。

　そのような企業では「ミッション」，「パーパス」等は掲げられています。ただ，その「ミッション」，「パーパス」は総花的な内容で具体性に欠けます。

　「ミッション」，「パーパス」の実現のために，「具体的にどのような製品／サービスを」，「どのような料金体系で」，「誰に販売し」，「コストとして何が発生」したうえで，売上・利益が生み出されているのかが不明瞭なのです。

　ウェブサイトの情報や決算発表資料等を読み込み，あるいは経営者に直接説明してもらってようやく理解できるのです。

　前述のとおり，「アピールしたいこと」を前面に出しすぎて，「相手が知りたいこと」が埋もれてしまっているケースといえます。

　投資家にとって，価値を創造するための「事業モデル」は最も重要な情報の1つです。読者の皆さんには，情報開示の土台の一番の礎である「事業モデルのわかりやすい説明」が自社のウェブサイトに掲載されているかを，ぜひ改めてご確認いただきたいと思います。投資家が初めて貴社に興味を持ってウェブサイトを訪問したときに，一目で事業モデル／お金の流れがわかる状態が望ましいでしょう。

　なお，時折「当社の事業モデルは複雑で多岐にわたっており，一言で説明するのが難しい」という説明（言い訳？）を聞くことがあります。

　事業セグメントが複数存在し事業モデルが異なるのであれば，セグメントごとに事業モデルを説明する必要があります。同時に，細かい仕様はある程度省いて単純化し「事業モデル概要」の情報を提供することが投資家の理解につながることを，常に念頭に置いてください。企業側が「事業モデルを単純化して説明する」ことができなければ，事業を理解する前に離脱する投資家が多く発生してしまうことを認識する必要があります。

5 ┃「中期経営計画」は積上げ方式で算出するべきものではない

　悩み相談を受けて,「多くの経営者が誤解しているかもしれない」と気になるもう1つの大きなテーマが「中期経営計画」です。

　おおむね3年〜5年先を見据えて策定した「経営計画」において,最も重要な指標は何だと思われますか?

　少なくとも筆者がお話ししてきた経営者の多くが,「中期経営計画で重要な指標は3年後の売上高,あるいは売上高成長率である」,または「中期経営計画の発表は,計画に含まれる売上高と利益の達成を株式市場に約束することである」と誤解していました。

　図表2-2をご覧ください。

　一般社団法人 生命保険協会によるアンケート結果から抽出した主な項目と数値です。

　上場企業側が「中期経営計画の指標」として,投資家が「経営目標として重

図表2-2　中期経営計画の指標（企業）／経営目標として重視すべき指標（投資家）

	投資家	企業	差 (%ポイント)
資本コスト（WACC等）	37.9%	2.3%	35.6
ROIC（投下資本利益率）	46.3%	12.8%	33.5
ROE（株主資本利益率）	85.3%	57.5%	27.8
経済付加価値（EVA®）	26.3%	0.4%	25.9
FCF（フリーキャッシュフロー）	33.7%	8.8%	24.9
総還元性向〔(配当＋自己株式取得)/当期利益〕	30.5%	11.6%	18.9
ROA（総資本利益率）	22.1%	11.4%	10.7
株主資本配当率（DOE） ※DOE＝ROE×配当性向	10.5%	5.9%	4.6
売上高利益率	29.5%	39.2%	(9.7)
利益額・利益の伸び率	41.1%	53.7%	(12.6)
売上高・売上高の伸び率	21.1%	46.5%	(25.4)

（出所）一般社団法人 生命保険協会「企業価値向上に向けた取り組みに関するアンケート
　　　集計結果（2021年度版）」を参考に筆者作成
　　　https://www.seiho.or.jp/info/news/2022/pdf/20220415_4-5.pdf

視すべき指標」として挙げたものを，それぞれの項目ごとにギャップを計算し並べ直しています。

投資家が「経営目標として重視すべき指標」として挙げた上位の指標は①ROE（株主資本利益率），②ROIC（投下資本利益率），③利益額・利益の伸び率，④資本コストとなっています。85％以上の投資家がROEを挙げているにもかかわらず，43％の企業は計画に織り込んでいません。

また，投資家が重視する「資本コスト」，「ROIC」についても多くの企業では盛り込んでいないこと，「売上高・売上高の伸び率」を投資家全員が重視しているわけではないことがわかります。

つまり，投資家が「資本コストを意識した効率的な経営」を望んでいるにもかかわらず，応えられていないケースが多いことがわかります。

前述した誤解，「中期経営計画で重要な指標は3年後の売上高，あるいは売上高成長率である」，または「中期経営計画の発表は，計画に含まれる売上高と利益の達成を株式市場に約束することである」と考える上場企業は，その売上高・利益額「目標」をどのように策定するのでしょうか？

こうした企業は，過去数年間の成長率を紐解き，足元の事業環境を勘案したうえで，「頑張れば達成できる」水準の売上高と利益額を算出するようです。そのうえで，「達成するための戦略，つまり従来の事業戦略を改善したもの」を付加するのです。この「中期経営計画」は「連続的な事業計画」にすぎません。

変化が少なく安定した社会や事業環境であれば，連続的な事業計画で通用するかもしれません。しかしながら，現代は「激動の時代」です。「今までやってきたことの延長線上」で事業を進めても先細りするだけです。

激動の時代である現在，企業経営に求められていることは，「長期戦略を立てたうえで，バックキャスト（未来から現在へ遡る）し，3年後，5年後に到達すべき自社の『マイルストーン』を見据え，そこに到達するための施策を講じる」ことです。資本コストを十分に意識し効率的な経営を目指しつつ，長期戦略をベースに策定する計画こそが求められている中期経営計画です。

企業側の視点が短期であっては，中長期視点の投資家の投資対象にはなりえ

図表2-3　求められる「バックキャスト」経営

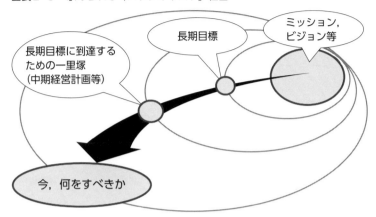

（出所）　ジェイ・ユーラス・アイアール㈱の資料をもとに筆者作成

ません。中長期視点の投資家と同等，あるいはより長い視点で成長を見据えた戦略を立てているからこそ，安心できる投資対象となるのです。

　長期戦略を立てるために活用できるツールの1つとして，TCFD（Task Force on Climate-related Financial Disclosures：気候関連財務情報開示タスクフォース）が挙げられます。次項でTCFDについて説明します。

6 ┃ TCFDは「サバイバル戦略」
～TCFDへの取組みを経営に活かす～

　CGコードでは，特にプライム市場上場企業に対して「TCFDまたはそれと同等の枠組み」の開示が求められています。

　多くの場合，自力で実施するノウハウが上場企業の中にないため，コンサルティング会社に支援を依頼することになります。しかし，筆者は，その支援が一般的に「TCFD『開示』支援」と呼ばれていることに違和感を覚えています。

　TCFDとは「サバイバル戦略」です。「気候変動リスク」という言葉にとらわれすぎてはいけません。

　30年後の世界では，気候変動により地政学的，社会的に大きな変化が発生しているはずです。気温上昇は今後，自然災害の多発，感染症の拡大，海面上昇，

食料需給のひっ迫，人口動態の変化等を通じ，さまざまな影響を事業に与えます。過去30年間は連続的な変化＝「カイゼン」の積上げで対応してきたとしても，今後30年間はそれでは到底乗り切れません。

　そのため，「現時点で想定できる30年後の変化」と自社にとっての「機会」と「リスク」を見据え，それに沿った戦略を立てる，その戦略をバックキャスト（未来から現在へ遡る）したうえで，3年間，5年間で何をすべきかを想定し，施策を講じる——このように「非連続的」な事業戦略を立て，施策を講じることこそが，TCFD＝「サバイバル戦略」です。

　実際には，現時点で「30年後」を正しく想定できるわけがありません。

　1990年，インターネットが普及していなかった時代に，スマートフォンが活用される現在を想像するようなものです。誰も想像できていなかったはずです。

- 30年後を想定したうえでさまざまな外部環境変化の可能性を認識（シナリオ分析）し，
- 「機会」と「リスク」を洗い出して戦略を策定し，
- 指標を定めて目標を設定し，
- 定めた枠組みで管理・監督を行う。
- 時間経過とともに現実との乖離が生じるようであれば，都度シナリオ分析や戦略策定，目標設定等を実施する。

　上記のようなPDCAを回していけば，外部環境の変化に応じて，自社事業を正しい方向に向かわせながら，レジリエンス（適応能力）の高い企業体質を作ることができるはずであり，それがTCFDの本質的な意義だと考えます。

　なお，特定非営利活動法人サステナビリティ日本フォーラム（https://www.sustainability-fj.org/）は，2019年以来，毎年，ワークショップ形式でTCFD策定プロセスを学ぶことができる「TCFDコンパス研究会」を開催しています。

7 株主・投資家の立場に立って情報提供を行う

　英語に「in someone's shoes」という表現があります。

　第三者の靴を履いてみること，つまり相手の立場に立って物事を考えることであり，たとえば，「You never know how other people feel until you are in their shoes. ＝その人の気持ちは，その立場になってみないとわからない」というように使われます。

　株主・投資家の立場に立って，相手が必要とする情報を丁寧に届けること——これを徹底することが，建設的な対話を可能にします。

　株主・投資家が必要とする情報の例として，以下に2点挙げます。

(1)　株主構成
〜自社ウェブサイトに株主構成情報が掲載されているか？〜

　「事業モデル」と同様，ウェブサイトに掲載されていなくて困惑することが多いのが「株主構成」です。

　ウェブサイト制作会社が提供するサービスの基本枠組みなのかもしれませんが，「株式情報」に「株主に関する情報」が一切含まれていないケース，あるいは「大株主の情報」（上位10位の株主リスト）は記載されているものの「所有者属性別の株式分布状況[2]」が示されていないケースが散見されます。

　支配株主の有無，少数株主の属性別持ち分割合等，「株主情報」はコーポレートガバナンスや「株式市場との対話」を考えるうえで基本となる情報です。公開情報ですので，インターネット上で検索すれば情報を見つけることはできるのですが，煩雑で信頼性にも欠けます。万一，自社ホームページに記載がない場合には，速やかに追加することをお勧めします。

　なお，オーナー企業が資産管理会社を通じて持ち分を保有するケースがあります。資産管理会社とオーナー名が一致していない場合には，第三者にはこの大株主の正体がわかりません。注意書きに，この法人がオーナー経営者の資産管理会社であることを明記する等，実態が一目でわかるように記載するとよいでしょう。

2　株式所有者を「政府・地方公共団体」，「金融機関」，「金融商品取引業者」，「その他の法人」，「外国法人等」，「個人その他」，「自己名義株式」に分類した情報。

⑵ 経営指標
～財務・非財務指標の推移表を便利に使ってもらう～

　株主・投資家は投資先企業の財務・非財務情報を確認する際，ある一時点で見るのではなく時系列のトレンドを追います。ところが，企業によっては過去データを集めることが煩雑で困難な場合があります。

　決算発表プレゼンテーション資料や統合報告書に各四半期のデータを記載している場合等は，投資家自身が管理するエクセルシートに書き写すにはひと手間かかります。

　四半期ベースの財務・非財務情報を過去から遡って一覧表にまとめ，可能であればエクセルファイルで提供することをお勧めします。株主・投資家の立場に立って利便性を高めるよう工夫しましょう。その姿勢は必ず相手に響きます。「選んでもらう」ためには，なるべく投資家・株主の手間を省く努力をするべきです。

　「株主情報の可視化」，「財務・非財務情報のKPIトレンドの提供」は，筆者が多くの企業の方と話す際に改善点として助言している項目の一部です。上場企業は，それぞれ個別の事情があり，他にも多くの改善点がありえるでしょう。特に日頃の対話の中で投資家が欲している情報については，アンテナを高くして認識し提供していく必要があります。

第**3**章

押さえておくべき基礎知識 ──ESG・サステナビリティ

1 ESG・サステナビリティの枠組み

欧州の有名なESG投資家が「トヨタ自動車㈱とTeslaのどちらに投資するか」というレポートを2021年2月に発行しました。

読者の皆さんは，その投資家が「どちらに投資する」と結論づけていると思いますか？　結果については47頁に記載しますが，その前にESG・サステナビリティに取り組む際に重要なことや「枠組み」についてご説明します。

図表 3-1 は，ESGの課題を整理する際に筆者が活用している「枠組み図」

図表3-1　ESG概念図

全体を監督するのが【G（ガバナンス）】	
機会（SDGs） （ポジティブインパクト） 社会の役に立つ	**サステナビリティ・リスク（CSR）** （ネガティブインパクト） 社会に迷惑をかけない

	機会（SDGs）	サステナビリティ・リスク（CSR）
本業	**事業を通じた課題解決** ・事業を通じた社会革新 ・社会課題解決ビジネス ・長期的な視野での事業戦略 　CSV≒「SDGs○○番！」	**経営・事業推進における社会要請への対応** 【E（環境）】 ・環境方針，温室効果ガスの開示と削減 ・エネルギー・水資源使用量の開示と削減等
本業以外	**社会貢献活動** **（慈善活動＝フィランソロピー）** ・寄付，社員のボランティア活動	【S（社会）】 ・人権方針（国際規範にのっとったもの） ・雇用・労働慣行（ハラスメント，過重労働）等 ※慈善活動ではない

サステナビリティ≒ES（機会＋サステナビリティ・リスク）

です。

　この図については追って詳しく述べます。

2 ESG・サステナビリティには「経営者の理解」と「経営者主導による社内での取組み」が重要

　「株式市場との対話」において，ESG・サステナビリティは重要な要素を担っています。欧州を中心に急激に拡大した環境・社会・ガバナンスへの要請は，大きな流れとなって変化を続けています。日本の上場企業，特にプライム市場上場企業の担当者はESG経営・サステナビリティ経営を強く求められ，推進に取り組んでいることと思われます。

　時価総額が大きい上場企業に多くみられる「ESG・サステナビリティ先進企業」は，経営にESG・サステナビリティを十分に取り入れ，開示を実施しています。しかし一方で，スタンダード市場・グロース市場だけでなくプライム市場上場企業を含む多くの企業がこのテーマを正しく捉え切れていないという懸念もあります。

　「プライム市場上場企業が正しく取り組めていないということはないだろう」と考える読者の方は多いかもしれません。しかし，さまざまなプライム市場上場企業の経営陣とお話しする中で，時価総額がある程度大きい上場企業（数千億円規模）においても，後述する「サステナビリティ・リスク」と「機会」を正しく捉えていない場合が多いと感じます。

　ESG・サステナビリティは特定の部門が推進するものではありません。経営者が主体的にその必要性を全社に認識させたうえで，関係部門が中心となって推進すべきものです。何よりも経営者の正しい理解が大前提となります。

　多くの経営者・担当部門がともに広く情報を収集し，熱心に勉強しているにもかかわらず，なぜ正しい理解・取組みが進まないのでしょうか？

3 ｜ESG・サステナビリティにおける視点の違いが「理解不足」の一因

　筆者はESG・サステナビリティをテーマとした講演を時折実施していますが，同時に聴講する機会も多く持つようにしています。わかりやすく勉強になる講演も多いのですが，一方で特に対談形式のセミナーの場合，議論が具体性を持たない「空中戦」になっている，またはお互いの発言を理解しないまま議論が進む「平行線」になっていると感じることがあります。「ESGやサステナビリティにおいて重要だと考えるポイント」や「言葉の定義」が話し手により異なっているため，すれ違いが生じてしまうのです。

　対談形式ではない講演形式のセミナーにおいても，「自身が考える重要ポイント」を話し手が強調するあまり，「ESG・サステナビリティにおいて企業が求められていること」の全体像が伝わらないことがあります。

　ここでいう「話し手」は「学術研究員」，「機関投資家」，「NPO所属者」，「事業会社」等の方々です。それぞれ別の「視点」および「次元」でテーマを捉えているため，話の内容が異なることは当然ですし，ある意味正しいのだと思います。一方で，このような講演は「ESG・サステナビリティの基本を理解する」ことを目的として聴講している学習途上の企業関係者が「全体像を把握するため」に活用するには難易度が高いと思われます。聴講直後には「何となくわかった気になる」ことはあっても，実践に移す際に，本来各企業により大きく異なる「自社の立ち位置」や「ゴール地点」を誤認し，間違った方向に進む可能性が生じます。

　こうした講演やセミナーの聴講を通じて研鑽するためには，ベースとして「テーマについての明確な共通認識」が必要ですが，それこそが多くの経営者・担当部門に不足しているものといえます。ESG・サステナビリティを取り巻く環境が急速に変化し続けているため，共通認識を持つことが容易ではないのかもしれません。

　図表3-1に示した「ESG概念図」を見て「この基本的な枠組みを正しく理解している」と考える読者の方は，この章を読み飛ばしていただいて構いません。多少なりとも疑問を抱いたり，「なるほど」と感じたりするようであれば，

本章をじっくり読んでください。

　自社が現在，「ESG・サステナビリティ経営・開示」として進めている事項がESG概念図のどこに当たるのかを認識したうえで，情報を整理・発信していくことが重要です。

4 ESG・サステナビリティの枠組みの2大要素は「サステナビリティ・リスク」と「機会」
〜「サステナビリティ・リスク／ネガティブインパクト」と「機会／ポジティブインパクト」を理解する〜

　ESG概念図でまず理解していただきたいのは，「ESGのES」と「サステナビリティ」は大きく2つの項目，すなわち「サステナビリティ・リスク」と「機会」に分けられるということです。

　「機会」とは，企業が環境・社会の「役に立つ」，つまり「ポジティブインパクトを与える可能性」を指しています。

　一方，「サステナビリティ・リスク」とは，企業が環境・社会に「迷惑をかける可能性」，つまり「ネガティブインパクトを与える懸念」を指しており，企業はこのリスクに対処し軽減・解消する必要があります。

　なお，ここに挙げる「サステナビリティ・リスク」は有価証券報告書に記載される「事業等のリスク」とは異なります。「事業等のリスク」に含まれる項目は「財政状態，経営成績及びキャッシュフローの状況の異常な変動，特定の取引先・製品・技術等への依存，特有の法的規制・取引慣行・経営方針，重要な訴訟事件等の発生，役員・大株主・関係会社等に関する重要事項等，投資家の判断に重要な影響を及ぼす可能性のある事項」と定義されています[1]。

　「事業等のリスク」では，企業の財務状況に直接影響を及ぼす項目が挙げられており，これは，外部環境が企業に与える影響の大きさの度合いに基づき重要性を定める「シングル・マテリアリティ」のロジックに基づいた「リスク」

---

[1]　平成31年3月19日金融審議会ディスクロージャーワーキング・グループ報告「記述情報の開示に関する原則」から引用。ただし，今後有価証券報告書においてサステナビリティ開示が進むことにより変化することも想定されます。

といえます。

　一方，ESGの「ES≒サステナビリティ」において企業が取り組み，開示しなければならない対象となる「サステナビリティ・リスク」は「企業が環境・社会にかけうる迷惑＝ネガティブインパクト」となります。これは「外部環境が企業に与える影響の大きさ」のみならず「企業が外部環境に与える影響の大きさ」も勘案して重要性を定める「ダブル・マテリアリティ」のロジックに基づいた「リスク」といえます（シングル・マテリアリティ，ダブル・マテリアリティについては本章11を参照）。

　「ESG・サステナビリティ」への理解が不足する企業においては「機会」のみに言及し，「サステナビリティ・リスク」への言及がない傾向がみられます。「機会」と「サステナビリティ・リスク」はどちらも大切です。「サステナビリティ・リスク」重視から「機会（インパクト）」重視にするべきだという意見もあるようですが，それはESG先進企業がすでに「サステナビリティ・リスク」への取組みを実施していることを前提としているのだと考えます。

　　☑　「サステナビリティ・リスク」は将来の企業価値を大きく毀損する懸念
　　　　があるため，取組みと開示は「規定演技」であり，まず真っ先に着手す
　　　　べき事項
　　☑　「機会」への取組みと開示は「自由演技」であり，「規定演技」で合格点
　　　　を取ったうえで評価されるべき事項

という認識を持ち，未着手の上場企業は速やかに「サステナビリティ・リスク」に取り組む必要があります。

　ESGの「G＝ガバナンス」には，コーポレートガバナンス，腐敗防止，リスクマネジメント，税の透明性等が含まれています。「機会」と「サステナビリティ・リスク」を見極め，正しく経営を推進することが「ガバナンス」であるため，ESG概念図においてはすべてを包含するような形にしています。

　なお，「サステナビリティ」を「企業（自社）の持続可能性」と誤解している方が稀にいますが，本来は「地球と社会の持続可能性」を指します。もちろん，「地球と社会の持続可能性」を考えない企業は今後，生き残っていくことが難しくなります。そういう意味では，サステナビリティと「企業（自社）の持続可能性」は二次的にリンクしているといえます。

5 ┃ CSRは「慈善事業」ではない

　「サステナビリティ・リスク」について述べる際に，まず理解していただきたいことが「CSR＝Corporate Social Responsibility（企業の社会的責任）」です。

　経営者と話す際に，また講演等を聴講する際に，「CSR」を「社会貢献＝慈善事業」と誤解している方が多いことに驚きます。

　このような方は，CSRを「本業で稼いだお金を寄付したり，利益度外視で環境や社会に役立つ行為に使ったりすること」，あるいは「社員によるボランティア活動」等と理解していますが，これは誤りです。

　1990年〜2000年代にかけて，CSRという概念が海外から日本に伝わった際，「社会的責任」と訳されるべきが「社会貢献」と訳されて紹介されました。その影響が根強く残り，現在でも「CSRは慈善事業」という誤解が未だに残っているのです。本来，「慈善事業」や「ボランティア活動」は「フィランソロピー（Philanthropy）」と定義され，「機会」の枠組みの中で語られるべきことです。

　それでは，正しい「CSR＝企業の社会的責任」とは何を指すのでしょう？

　経済産業省HPには次のように書かれています。

> 　「『企業の社会的責任』とは，企業が社会や環境と共存し，持続可能な成長を図るため，その活動の影響について責任をとる企業行動であり，企業を取り巻く様々なステークホルダーからの信頼を得るための企業のあり方」（経済産業省HP：https://www.meti.go.jp/policy/economy/keiei_innovation/kigyoukaikei/index.html）

　つまり，CSRとは，企業が社会の一員として「環境や社会に迷惑をかけない」ために取り組むべきことであり，「迷惑をかけることにより企業が将来遭遇するかもしれない危機を回避し最小化するためのツール」なのです。

6 ┃ 「サステナビリティ・リスク／ネガティブインパクト」への取組みと開示は規定演技

　事業活動から生まれるネガティブインパクトに責任を持ち，ステークホルダーからの信頼を得ることは，企業にとって必須条件です。ある企業が画期的

な「環境・社会にとって素晴らしい貢献をもたらす商品・サービス」を提供している場合でも，その商品・サービスを提供するために，あるいは別の商品・サービスを提供するにあたって環境・社会に対して顕著なネガティブインパクトを創出していては，消費者にボイコットされたり，訴訟を起こされたり，また販売業者にも取り扱ってもらえずに，いずれ立ち行かなくなってしまいます。

　また，株式市場においても，アクティブ運用の機関投資家には株式保有をしてもらえず，パッシブ運用の機関投資家からはエンゲージメントや議決権行使を通じて「経営者失格」の烙印を押されかねません。

　そのため，企業が「サステナビリティ・リスク」回避・軽減への取組みを行い開示することは必須，つまり「事業を行ううえでの規定演技」といえるのです。

　上場企業のウェブサイトを見ると，「サステナビリティ」というタイトルのページに「当社はSDGs○○番を推進しています」という記載をよく見かけます。ところが，そうした企業サイトの中には「規定演技」に関する取組み，つまり環境や人権などに関する方針や実績データ，目標等の記載が一切見られないケースが散見されます。このような「規定演技」を行っていない企業は「ESGウォッシュ（偽ESG)」，「サステナビリティ・ウォッシュ（偽サステナビリティ)」とみなされる危険があるので注意が必要です。

　なお，「投資家はシングル・マテリアリティの視点を持っているため，『サステナビリティ・リスクへの取組み＝CSR』には関心がない」というコメントを時々聞くことがあります。

　投資対象企業がCSRに十分取り組み開示しているのであれば，確かに投資家はその企業のCSRを特段，話題にしないかもしれません。また，短期視点の投資家も興味を持たないかもしれません。しかし，CSRの取組みが不足する企業は，いずれ「環境・社会に迷惑をかける会社」として，社会でも株式市場でも相手にされなくなる危険があります。そうなれば，将来のキャッシュフローが大きく減少します。

　「機会」と「サステナビリティ・リスク」に分類される要素のうち，「サステナビリティ・リスク」開示の質と量が十分であれば，その企業の現在の課題がどこにあるのかが長期視点の投資家にとっても明確になります。問題なしと判

断されたテーマについては対話を省略し，課題が包含されるテーマ，つまり将来のキャッシュフローに悪影響を与えそうなテーマについて企業と投資家がじっくり対話することができます。

　一方，企業が「機会」についてのみ言及していて「サステナビリティ・リスク」開示が不足している場合はどうでしょう？　投資家はその企業の課題がどこにあるのかを判断できず，手探りで課題を探すことになります。貴重な対話の時間を効率的に活用するためにも「サステナビリティ・リスク」開示が重要であることをご理解いただけると思います。

　では，「ESGウォッシュ」といわれないよう，「サステナビリティ・リスク」に取り組むためには，具体的に何を行えばよいのでしょう？

　CSRを管掌する部門がもともと社内にあり，その部門がCSRを正しく理解したうえで「環境・社会に迷惑をかけない」方針づくりや実績データ，目標の開示を行っているのであれば，すでに必要事項の多くがカバーされている可能性があります。

　しかし，CSR部門を持ってこなかった企業や，「CSRの意味」を「社会貢献，慈善事業」と誤解したまま活動してきた企業においては，イチから進めるための具体的な指針が必要です。専門家をコンサルタントとして雇い，手取り足取り指導してもらいながら着手する方法もありますが，財務的および人的リソースが不足する企業の場合，途方に暮れてしまいます。企業が「サステナビリティ・リスク」への取組み・開示を進めるための方法については，筆者自身の実体験に基づいたいくつかの提案を本章**13**に記載したので参考にしてください。

　前述のとおり，筆者は本書の中で「サステナビリティ・リスクへの取組み＝CSR」と定義しています。後述する「機会＝SDGs」と対比することで読者の皆さんの理解を促進するため，また「CSRに対する誤解を正すため」に定義したものですが，「CSRには『サステナビリティ・リスク』と『機会』の両方が含まれる」という考え方もあります。いずれの考え方も「定義」によるので誤りではないと考えます。

　大切なのは，このテーマを取り上げる際に，関係者それぞれのキーワードの定義を正しく相互理解したうえでコミュニケーションすることです。

7 SDGs（持続可能な開発目標）とは？

2015年，ニューヨーク国連本部において「持続可能な開発サミット（Sustainable Development Summit）」が開催され，「人間，地球および繁栄のための行動計画」として「我々の世界を変革する：持続可能な開発のための2030アジェンダ（Transforming Our World : 2030 Agenda for Sustainable Development）」が加盟国の全会一致で採択されました。このアジェンダに含まれているのがSDGsです。ここには「持続可能でよりよい世界を目指すための17のゴールと169のターゲット」からなる2030年までのゴール「持続可能な開発目標（SDGs＝Sustainable Development Goals）」が記載されています。

日本語の「目標」には「達成しなければならないもの」というニュアンスがあります。一方，英語のGoalは意味合いが異なり，「達成することの難易度が高くても，目指すべき方向性」というニュアンスになります。たとえばSDGsの1番「貧困をなくそう」ですが，2030年までに世界から貧困がなくなる，というのは現実的ではありません。ここでは，皆が「貧困をなくすことを目指すこと」を示しているのです。

それでは，企業はSDGsをどのように活用すべきなのでしょう？

それについては，GRI，国連グローバルコンパクトおよび持続可能な開発のための世界経済人会議（WBCSD）が提示する「SDG Compass－SDGsの企業行動指針」が参考になります（https://sdgcompass.org/wp-content/uploads/2016/04/SDG_Compass_Japanese.pdf）。

このガイドラインに含まれるさまざまな示唆の中に，以下の2点があります。

- 「アウトサイド・イン・アプローチ」が重要
- 「正の影響（＝機会）の強化」のみならず，「負の影響（＝リスク）の最小化」を行う

※　**図表3-1**において，本来であればSDGsは「機会」，「リスク」の両方に入れるべきですが，日本においては一般的に「機会」面がクローズアップされているため，「機会」のみに入れています。

「アウトサイド・イン・アプローチ」とは，企業が外部的な世界的・社会的ニーズに鑑みて事業目標を設定し，現状の達成度と求められる達成度のギャッ

プを埋めていく，という考え方です。一方，「インサイド・アウト・アプローチ」とは，自社の現行の事業目標に基づいて考える方法ですが，内部中心的なアプローチを取るあり方では，世界的な課題に十分対処することができません。そのため，「アウトサイド・イン・アプローチ」が重要となってきます。

　多くの上場企業が，ウェブサイト上で「自社の事業活動が環境・社会にどのように貢献しているのか」をSDGsになぞらえてアピールしています。これは，国連を中心に世界各国が目指すゴールを基準に説明しているため，ステークホルダーにとってわかりやすい記載となっています。

　しかしながら，こうした記載の多くが，本来求められる「アウトサイド・イン・アプローチ」ではなく「インサイド・アウト・アプローチ」で考えられたものであること，また，本来含むべき現在および将来的な負の影響を把握・評価したうえでの優先課題を十分設定できていない場合もあるという現状を理解しておく必要があります。

8 CSVとパーパス

　読者の皆さんはマイケル・ポーター教授らが提唱するCSV（Creating Shared Value：共有価値の創造）についてご存じでしょうか？

　企業が社会課題の解決を行うことで，経済的価値と社会的価値をともに創造しようというアプローチです。

　ポーター教授の主張は以下のとおりです（TEDにおけるポーター教授によるスピーチから抜粋）。

- 従来は，環境汚染，森林破壊，気候変動，食料不足，水の供給，不十分なヘルスケア等の解決策をNGOや政府，慈善団体等の組織に求めてきた。
- しかし，これら組織の資金等のリソース不足により，こうした社会問題の大規模な解決には至っていない。
- 従来，企業は社会問題（例：環境問題や劣悪な労働環境）を引き起こすことで利益を生むと考えられてきた。
- そのため，企業は社会問題に責任を持ち，「ビジネスから創出される利益」をその解決に使うべきだといわれてきた。
- しかし，企業は社会問題の解決（例：環境汚染の解決，従業員の健康重視によ

る生産性向上）によって利益を得ることができる。
- 長い目で見れば　最終的にはビジネスと社会問題解決の両立は可能。
- 企業による「共有価値の創造（CSV）」とは，事業モデルを使い社会問題に取り組むこと。
- つまり，「社会的価値」と「経済的価値」を同時に創造するという高度な資本主義を指す。

　31頁の「ESG概念図」の左上部分，「機会」に含まれる「事業を通じた課題解決」は，まさにポーター教授が提言する「CSV」を指します。

　それでは，「パーパス」とは何でしょうか？

　パーパスは企業経営における「存在意義」です。「自社は何のために存在するのか」という問いかけに対する答えといえるでしょう。企業が事業推進において重要な判断をしなければならないときや，困難な場面に直面したときに，パーパスは「決して揺らぐことがない判断軸」となります。

　パーパスは「社会とのつながり」を強く意識して策定され，一度定められたパーパスは，基本的に大きく変化することはありません。

　パーパス経営で有名な会社を以下に挙げます。

　　■ソニーグループ株式会社：
　　　「クリエイティビティとテクノロジーの力で，世界を感動で満たす。」
　　■東京海上ホールディングス株式会社：
　　　「お客様や地域社会の "いざ" をお守りする」
　　■ネスレグループ：
　　　「Our purpose is to unlock the power of food to enhance quality of life for everyone, today and for generations to come.＝ネスレは，食の持つ力で，現在そしてこれからの世代のすべての人々の生活の質を高めていきます。」

（各社ウェブサイトより）

　一般的かつ抽象的な表現にとどまるパーパスでは，判断軸になりません。自社事業の存在意義を中心に据えた独自のパーパスを明確に定めることが，社会課題の解決と企業価値向上への道しるべとなり，企業はパーパスをもとに経営判断を行いながらCSVの向上を目指します。

9 ┃ フィランソロピー

　本業で得られたリソースをベースに，「慈善事業」や「ボランティア活動」等，本業以外の活動において「機会＝環境・社会の役に立つ」行為は，「フィランソロピー（Philanthropy）」と定義されます。フィランソロピーは「本業以外の活動における機会」であり，ステークホルダーの一部に評価されることはあっても，基本的には投資家からの評価対象からは外れます。

10 ┃「機会／ポジティブインパクト」は自由演技

　6で言及したとおり，「環境・社会に迷惑をかけない＝ネガティブインパクトを与えない」ことが，特に上場企業として「必ず取り組み，開示しなければならないこと」です。「サステナビリティ・リスク」への取組み・開示なくして「機会」への取組み＝自由演技をアピールしても，株式市場は評価してくれません。

　たとえば，「再生エネルギー領域において画期的な技術を開発した企業の事

図表 3-2　戦略・地域別

説明	戦略
環境・社会に貢献する技術やサービスを提供する企業に対して行う投資	インパクト／コミュニティ投資
同一業界の中でESGスコアが高い企業に投資	ポジティブ／ベストインクラス・スクリーニング
サステナビリティ関連企業やプロジェクト（特に再生可能エネルギー，持続可能な農業等）への投資	サステナビリティ・テーマ投資
ESGの国際基準をクリアしない企業を外す手法	規範に基づくスクリーニング
議決権行使やエンゲージメントを実施する手法	コーポレートエンゲージメント／議決権行使
武器，ギャンブル，アルコールなど，倫理的でないと定義される特定業種の企業を投資先から除外する戦略	ネガティブスクリーニング
財務＋非財務情報（ESGに関する情報）を含めて分析する手法	ESGインテグレーション

（出所）Global Sustainable Investment Review 2020をもとに筆者作成

業が，従業員の人権を無視した雇用環境の上に成り立っている」ケースなどを想像すればおわかりいただけると思います。そのような企業に対する消費者を含む社会や株式市場の評価は，雇用環境を整えて商品・サービスを提供している企業に比べ，自ずと低くなります。「規定演技」をクリアしたうえで「自由演技」が評価される，ということです。

IR担当者，サステナビリティ担当者とお話しすると，「経営者が『機会』だけに関心を持ち『サステナビリティ・リスク』開示に消極的だ」という悩みを持っていることに気づきます。「サステナビリティ・リスク」への取組みは規定演技であり，「機会」への取組みは自由演技であるということを経営者が十分に理解していないと，企業と株式市場との対話は第一歩でつまずくことになるため，注意が必要です。

「機会」＝ポジティブインパクトにフォーカスして投資する手法を「インパクト投資」と呼びます。ただし，この場合でも，対象企業が「リスク」をクリアしていることが投資の前提となることに留意が必要です。

図表3−2は戦略・地域別サステナブル投資資産2020の表です。

この項目の上部に位置する「インパクト投資」，「ポジティブスクリーニン

サステナブル投資資産2020

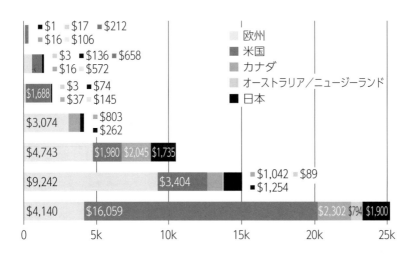

グ」、「サステナビリティ・テーマ投資」が、特に「機会」を重視して投資する手法といえます。「インパクト投資」を代表に、「『機会』を重視したESG投資残高」は年々大きく増加してきましたが、ESG投資において先端的な手法といわれる「インパクト投資」やその他の「機会」を特に重視した投資の残高割合は、投資残高総額の中でまだまだマイノリティです。

「サステナビリティ・リスク」への取組み・開示を重視する「規範に基づくスクリーニング」、「エンゲージメント」、「ネガティブスクリーニング」、「ESGインテグレーション」の各手法の残高のほうが圧倒的に多いことは注目に値します。

もちろん「インパクト投資」を行う機関投資家に株式を保有してもらうためには、「SDGs○○番！」というだけでは足りません。インパクト評価のためのロジックモデルを策定し、「アウトプット（結果）」、「アウトカム（社会的成果）」についての指標策定と測定が必要になります。評価プロセスやロジックモデルについて、ここでは詳しく説明しませんが、興味がある方は一般財団法人社会的インパクト・マネジメント・イニシアチブ（SIMI：Social Impact Management Initiative）のウェブサイトを参照してください。

評価プロセス：https://simi.or.jp/tool/practice_guide

ロジックモデル：https://simi.or.jp/tool/logic_model

11 3つの異なる「マテリアリティ」を理解する
〜マテリアリティの違いは「『何が』、『何に』影響を与えるのか」と「時間軸の捉え方」により生まれる〜

「マテリアリティ」は日本語で「重要課題」と訳され、サステナビリティ経営におけるさまざまな課題の中で大きな影響を及ぼすものを指します。マテリアリティは業種や事業形態によって異なります。たとえば、インターネットサービス企業であれば「情報セキュリティ」や「データプライバシー、広告基準、表現の自由」等が他業種よりも重視されることは、容易に想像できます。

マテリアリティについては「シングル・マテリアリティ」、「ダブル・マテリアリティ」、「ダイナミック・マテリアリティ」という言葉を聞いたことがある

図表3-3　Single Materiality vs. Double Materiality

① 　環境・社会　**影響**　→　企業

　＊「環境・社会」が「企業」に与える影響
　　➡「投資家」目線
　（例）　気候変動が企業に及ぼすインパクト
　　　　（財務的影響）

①＝Single Materiality
（米中心：SASB，TCFD etc.）

①＋②＝Double Materiality
（欧中心：GRI，FTSE，UNGP etc.）

② 　環境・社会　←　**影響**　企業

　＊「企業」が「環境・社会」に与える影響
　　➡「マルチステークホルダー」目線
　（例）　企業活動が気候変動に及ぼすインパクト

かもしれません（**図表3-3**）。

　それぞれの「マテリアリティ」について考える前に，まず「何が，何に，影響を与えるのか」について考えます。そこには2つの形があると考えられています。

---

　① 　**環境・社会が企業に与える影響**
　　たとえば，「温暖化により雪がなくなれば，スキー場経営にどのような影響があるか」。これは「投資家視点」といわれます。
　② 　**企業が環境・社会に与える影響**
　　たとえば，「ある製造企業が温室効果ガスを大量に出すことで，環境にどのような悪影響を与えるか」。これは「マルチステークホルダー視点」といわれます。

　図表3-3を見てください。①に注目するのが「シングル・マテリアリティ」です。「マテリアリティ」はもともと会計用語であり，財務諸表に重要な影響を及ぼす要因を指していました。

　SASB[2]スタンダードやTCFD[3]はシングル・マテリアリティをベースにしており，地域的には米国寄りの考え方といわれています。

　①と②の両方に注目するのが「ダブル・マテリアリティ」です。

2　SASB：Sustainability Accounting Standards Board（サステナビリティ会計基準審議会）。IFRS財団に統合されました。52頁参照。

　GRI[4]スタンダードやFTSE Russellインデックス[5]はダブル・マテリアリティをベースにしており，地域的には欧州寄りの考え方といわれています。

　「サステナビリティ」は，前述したとおり「地球と世界の持続可能性」を指します。持続させるためには②の「企業が環境・社会に与える影響」が重要であるため，筆者自身は取組み・開示においては「シングル・マテリアリティ」よりも「ダブル・マテリアリティ」の視点に立つべきと考えています。

　なお，「シングル・マテリアリティ」が投資家視点だといわれていても，投資家が「企業が環境・社会に与える影響」を考慮しないわけではありません。

　企業が環境・社会に悪い影響を与え続ければ，いずれ社会からは忌避され，売上・利益が上がらなくなります。直接的ではなくても，その企業の財務へのインパクトは必ず生じます。投資家にとっても無視できる事項ではありません。ESG投資手法の中で「サステナビリティ・リスク」への取組み・開示を重視する手法の残高が大きいことからも，投資家の姿勢を理解していただけると思います。

　では，「ダイナミック・マテリアリティ」とは何を指すのでしょうか？

　シングル・マテリアリティとダブル・マテリアリティの違いは「何が」，「何に」，「影響を与えるのか」という「影響主体・対象」で異なっていました。しかし，ダイナミック・マテリアリティが重視するのは「影響主体・対象」ではなく，「時間軸」です。

3　TCFD：Task Force on Climate-related Financial Disclosures（気候関連財務情報開示タスクフォース）。2021年6月に改訂されたコーポレートガバナンス・コードに以下の記載があります。
　　「プライム市場上場会社は，気候変動に係るリスク及び収益機会が自社の事業活動や収益等に与える影響について，必要なデータの収集と分析を行い，国際的に確立された開示の枠組みであるTCFD又はそれと同等の枠組みに基づく開示の質と量の充実を進めるべきである」

4　GRI：Global Reporting Initiative（グローバル・レポーティング・イニシアチブ）。サステナビリティに関する国際基準の策定を使命とする非営利団体。国際的なサステナビリティ報告基準「GRIスタンダード」を策定しています。

5　FTSE Russell（フッツィー・ラッセル）とはロンドン証券取引所グループ（LSEG）の完全子会社であり，情報サービス部門を担います。世界の投資家に向けて資産配分，投資戦略の分析，リスク管理のためのインデックスを提供しています。

　ダイナミック・マテリアリティの考え方は「重点とすべき課題は，時代とともに変化する動的なものである」というものです。従来は財務的に重要でなかったテーマが，短期間で事業に大きな悪影響を与えるようになったり，そのテーマの影響度合いが時間の経過とともに変化するという考え方を指します。

　シングル・マテリアリティやダブル・マテリアリティ，ダイナミック・マテリアリティはお互いを否定し合うものではなく，視点の違いが顕在化したものです。

　なお，実際に自社のマテリアリティを定めるための基本プロセスは，自社にとっての「機会」と「リスク」をすべて挙げたうえで，①環境・社会が自社に与える影響が大きい項目，②自社が環境・社会に与える影響が大きい項目を選定すること，となります。

12 ┃ あるインパクト投資家のレターを読んでみる
〜インパクト投資家は「サステナビリティ・リスク」と「機会」の両方を見て投資判断をする〜

　欧州系のESG投資家，特にインパクト投資に注力するTriodos Bankが2021年2月に興味深いレポートを発表しています（https://www.triodos.co.uk/articles/2021/comparing-companies---toyot-and-tesla）。

　ESG投資の本質を理解するために役立つ資料であるため，概要を記します。

　テーマは「トヨタ自動車㈱とTeslaのどちらに投資するか？」です。そして結論は「トヨタ自動車㈱に投資し，Teslaには投資しない」となっています。

　以下がレポートの概要です。

---

① 　トヨタ
- 安全への信頼性等が高い自動車の開発，製造プラットフォームは他の電気自動車製造にも活用が可能。スケール感がある開発・投資・新製品／新技術の発表。
- 前向きでオープン，応答性が高いエンゲージメント（株主との対話）姿勢。
- 新製品，ライフサイクル，工場におけるゼロエミッションへのチャレンジ。
- 製品の適応性，差別化，絶え間ない改善。
- 適正な株価レベル。

> コメント 「Triodosはニッチで革新的なサステナビリティ企業だけでなく，より持続可能な未来に向かって移行する企業にも着目しています。規模が大きく，既存のシステムに適応できる企業に大きな価値を見出します」

② Tesla
- 同社は優れた成長性を持ち，電気自動車の供給を行っている。そのミッションはTriodosの投資ビジョンに沿っている。
- 一方で，ガバナンス上の課題あり。2018年のイーロン・マスクに対するストックオプション発行は，債務リスク増大と少数株主の力を弱体化させるリスクをはらんでいた。
- イーロン・マスクがソーシャルメディアを通じて未公開情報を漏洩し株価に影響を与えたという疑惑。
- 米国で労組組成を阻止したことについての懸念。
- 工場の劣悪な労働環境と長時間労働への懸念。
- サプライチェーン（コンゴのコバルト供給元）における児童労働の防止に失敗したことの懸念。
- 生産量拡大が困難だという課題。
- 対話において，製品のポジティブインパクトばかりがハイライトされていた。
- 割高な株価。

> コメント 「持続可能性に沿った商品を持つことが重要なだけでなく，労働環境やサプライチェーン等の持続可能な製品プロセスを持つことも重要なのです」

　Teslaへの懸念の中で「対話において，製品のポジティブインパクトばかりがハイライトされていた」ことが挙げられています。「SDGs〇〇番！」だけをアピールする企業はESG投資家に同様の印象を持たれる可能性があるため，注意が必要です。

13 「サステナビリティ・リスクへの取組みと開示」は具体的にどのように行えばよいか？

　金融庁等の取組みにより，日本の上場企業の開示必須項目が近年拡大しています。「男女間賃金格差」，「女性管理職比率」，「男性育児休業取得率」等について，2023年度以降の有価証券報告書内での開示が義務化されることになりました。男女間格差の是正は「サステナビリティ・リスク」に含まれる項目であるため，開示義務化はすべての上場企業の「サステナビリティ・リスク」開示

に結びつくことになります。

　また，経済産業省は日本で事業活動を行うすべての企業が「人権デューデリ
ジェンス」を実施すること，つまり各社のバリューチェーンの中で関わる人の
人権が守られていることを確認し，問題があれば是正する取組みを実施・開示
することを促しています。

　しかし，「サステナビリティ・リスク」の項目は上記に限ったものではあり
ません。さまざまな領域のリスクがあり，上場企業が属するセクターに特化し
たリスクもあります。義務化された開示項目に対応しているだけでは，一部項
目しかカバーできません。

　では，社内で人的・資金的なリソースが不足する場合，「サステナビリティ・
リスク」への取組みと開示を実践するためには，具体的に何から着手すればよ
いでしょうか？

　さまざまな方法がありますが，筆者自身の経験から次の4つを提案します。

---

(1)　総合型ESG指数における調査項目の活用
(2)　「JPX-QUICK ESG課題解説集」の活用
(3)　サステナビリティ先進企業の開示の参照
(4)　SASBスタンダードの活用

　なお，「サステナビリティ・リスク」への取組みの際に強く認識しなければ
いけないことがあります。それは「開示が先にある」のではなく「自社のマテ
リアリティ（重要課題）をベースにした取組みが先にある」ということです。

　まずは自社のあらゆるリスクと機会を洗い出し，マテリアリティを詳細に検
討し特定したうえで「サステナビリティ・リスク」を認識し，対策を練って実
行に移す——つまり，「企業経営」においてサステナビリティ・リスクへの取組
みを実施し，そのうえで開示する，あるいは実行前だったとしても「計画を立
て，進捗を説明する」ことが基盤となります。

　株式市場やステークホルダーとの対話は，土台となる開示がなければ成り立
ちません。計画，取組みの実施状況および進捗等を対話の土台として提供し，
株式市場，あるいはステークホルダーとのインタラクティブな対話を行うこと
でPDCA（Plan（計画），Do（実行），Check（測定・評価），Action（対策・

改善））を回すことが重要です。

　対話を経営に活用することこそが自社の将来の成長につながります。

(1)　総合型ESG指数における調査項目の活用

　筆者自身が執行に携わっていた際に「ESG・サステナビリティ開示の第1ステップ」として活用してきたのは，FTSE Russell（フッツィー・ラッセル）による調査項目です。

　ESG調査は数多くありますが，ここでFTSE Russellを挙げたのは，以下の理由からです。

- 質問事項がわかりやすく，ESG経営への取組みを始めたばかりの企業にとって取り組みやすい
- 評価対象が「日本の全上場企業の3分の1」という広いユニバースとなっているため，中小型株銘柄企業でも対象になりうる
- 評価結果であるスコアが一定水準を超えれば，GPIF資産を運用する機関投資家のESG関連ポートフォリオに組み入れられる可能性がある
- 組み入れられれば経営陣を含めた社内のモチベーションが上がり，ESG/サステナビリティへのさらなる取組みの推進が容易になる

　FTSE Russellへの取組みをすでに進めている企業や大型株銘柄企業は，MSCIジャパンESGセレクト・リーダーズ指数やDJSI（Dow Jones Sustainability Index）等，さまざまな指数への組入れを目指して取り組むとよいでしょう。各社の質問事項や調査項目は時流によって変化します。さまざまな指数をガイドラインとして活用することで，時代に沿ったESG・サステナビリティ経営への取組み・開示が可能となります。

　上記のとおり，FTSE Russellの評価対象となっている企業は，日本の全上場企業の3分の1です。今までESG・サステナビリティを重視してこなかった企業の中には同社からの調査についての連絡（eメール）を見逃して気づいていないケースも散見されます。

　「当社は連絡を受けたことがない」という読者の皆さんも念のため，各部門のグループメールを再度チェックするとよいでしょう。

　なお，時価総額等の理由から，いずれの指数においても調査対象になってい

ないことが確認された企業については(2)以降の方法をご参照ください。

(2)　「JPX-QUICK ESG課題解説集」の活用

2022年3月，㈱日本取引所グループと㈱QUICKが「JPX-QUICK ESG課題解説集　〜情報開示推進のために〜」を共同で制作，発表しました。

同書は「リスク」と「機会」の両方のガイドラインとなっていますが，特に従来はサステナビリティ・リスク開示の参考となる資料が少なかったため，非常に役立つ資料となっています。

この場で筆者がこの資料の内容を説明するよりも，読者の皆さんには直接資料をご覧いただいたほうが早いでしょう。

ウェブサイトから資料をダウンロードしてご確認ください（https://www.jpx.co.jp/corporate/news/news-releases/0090/20220330-01.html）。

なお，この解説集に記載があるすべての項目について各社が取り組む必要があるわけではありません。

「人権」等，どのような事業活動であっても関連性が高い項目については各社とも取組み・開示を行う必要がありますが，たとえば「環境・資源循環」における「サステナビリティ・リスク」と「機会」の重要性は製造業と非製造業では異なります。

各社，「マテリアリティ＝重要課題」を定めたうえで必要な項目について取り組むとよいでしょう。

(3)　サステナビリティ先進企業の開示の参照

3つ目の方法は，同業他社の中でESG・サステナビリティ経営・開示に優れた企業を選び，参考にする方法です。

筆者自身，サステナビリティ・リスクへの取組みを進める際にさまざまな上場企業の開示を参考にさせていただきましたが，特に㈱エヌ・ティ・ティ・データ（NTTデータ）や㈱野村総合研究所のサステナビリティ開示を参照しながら進めることが多くありました。両社はGRIスタンダード対照表を作成し，それぞれの項目に対して自社の取組みやデータを記載しているため，GRIスタンダード項目と同社の記載内容を読めば「自社がどのような取組みを行い，開

示すべきか」の糸口が見えました。

　業種によって重要課題が異なるため，全企業の中からサステナビリティ先進企業を選びつつ，同業種の取組み・開示も参考にするとよいと思われます。

⑷　SASBスタンダードの活用

　2018年11月，SASB（Sustainability Accounting Standards Board：サステナビリティ会計基準審議会）により発表された「SASBスタンダード」は11セクター，77業種に分類された「非財務情報の開示スタンダード」です。企業の財務パフォーマンスに影響を与える可能性が高いサステナビリティ課題（※シングル・マテリアリティ）を業種ごとに特定しています。

　IFRS財団が2021年11月に設立したISSB（International Sustainability Standards Board）は業種別に設定されたSASBスタンダードの活用を続けることを発表しています。

　77業種に分類されたSASBスタンダードはウェブサイトからダウンロードすることができます。従来は英語の資料のみでしたが，2022年3月，日本語訳が公表されています。

　以下，ウェブサイトにおいて「Company Search」という欄に自社名か銘柄コードを入力すれば，自社に対応する業種のスタンダードをダウンロードすることができます。もし自社名を入れても「No Result（結果なし）」と出るようであれば，同業他社の社名を入れて業種を確認のうえ，ページ下部分にあるスタンダードをダウンロードすれば参考にすることができます（https://www.sasb.org/standards/download/?lang=en-us）。

　なお，SASBスタンダードに記載されている項目は，前述のとおり「企業の財務パフォーマンスに影響を与える可能性が高いサステナビリティ課題（※シングル・マテリアリティ）」であり，これに基づいた開示の検討は必須ではあるものの十分ではなく，⑴～⑶の方法も同時に実施しなければならないということになります。

　「株式市場との対話」の事前準備のために，多面的にESG・サステナビリティ経営・開示に取り組む方法に関するアイデアをご提案しました。アイデアは筆

者自身の経験に基づいたものであり，他にもさまざまな方法があると思いますので，それぞれやりやすい方法で取り組んでみてください。その際に，規定演技である「サステナビリティ・リスクへの取組み，すなわち環境・社会に迷惑をかけないための施策」を実施し開示の充実を図ることが大前提であり，そのうえで「機会＝環境・社会の役に立つ」を明確に伝え，株式市場とステークホルダーとの有機的な対話につなげていくことが重要です。

第4章

押さえておくべき基礎知識
──コーポレートガバナンス

　多くの上場企業のウェブサイトには「コーポレートガバナンス」という項目がありますが，その中に記載されている内容は，以下のように企業によってマチマチです。

- 「内部統制」についてのみ説明している企業
- 「コンプライアンス」と「リスクマネジメント」についてのみ説明している企業
- 「適時開示体制」についてのみ述べている企業

　上記例のような企業においては，「コーポレートガバナンス」についての理解が不足している可能性があります。昨今の「株式市場との対話」において，コーポレートガバナンスを避けて通ることはできません。

　本章では，最低限これだけは押さえておくべき，という点について述べます。

1 ┃ コーポレートガバナンスという言葉は何を指すか？
〜経営（執行）とは異なる概念〜

　コーポレートガバナンス・コードでは，「コーポレートガバナンス」について以下のように説明しています。

　「会社が，株主をはじめ顧客・従業員・地域社会等の立場を踏まえた上で，透明・公正かつ迅速・果断な意思決定を行うための仕組み」

　これだけでは，何を指しているのか具体的に理解することは難しいですね。

図表4-1　コーポレートガバナンスとマネジメント（執行）の関係性

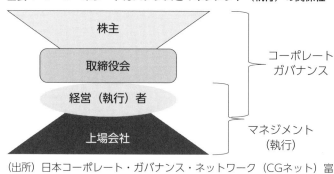

（出所）日本コーポレート・ガバナンス・ネットワーク（CGネット）富
永執行役員

　それでは，**図表4-1**をご覧ください。

　図表4-1は日本コーポレート・ガバナンス・ネットワーク（CGネット）の富永執行役員から拝借したものですが，ここにあるように「株主」，「取締役会」，「経営（執行）者」の関係性がコーポレートガバナンスといえます。

　経営（執行）者による事業運営は「経営／マネジメント／執行」であり，コーポレートガバナンスの枠組みとは異なるものです。

　取締役会は，その役割の1つとして「内部統制体制」，「リスク管理体制」，「適時開示方針」等を構築・整備すべきとされていますが，執行取締役以外（社外取締役）が実際の執行（オペレーション）を行うわけではありません。取締役会は「経営」を監督することで，「会社が，株主をはじめ顧客・従業員・地域社会等の立場を踏まえた上で，透明・公正かつ迅速・果断な意思決定を行う」ように導きます。

　会社法第1編第1章第2条第15号イには，社外取締役の要件の1つとして以下が定められており，執行に関わると社外性が失われることを示しています。

> 　当該株式会社又はその子会社の業務執行取締役若しくは執行役又は支配人その他の使用人でなく，かつ，その就任の前十年間当該株式会社又はその子会社の業務執行取締役等であったことがないこと

　社外取締役が実際の執行に携わるとどうなるのでしょう？

自らが執行に携わってしまうと「当事者」になってしまうため，「独立した客観的な立場」から「俯瞰して」監督することができなくなります。

そのため，社外取締役は執行を経営陣に任せたうえで監督に専念することが求められます。

2 ┃なぜ「コーポレートガバナンスの強化」が求められるのか？

2015年6月1日，日本で初めて策定されたコーポレートガバナンス・コードは，「それぞれの会社において持続的な成長と中長期的な企業価値の向上のための自律的な対応」がなされることを目指しました。

なぜ，従来のままではいけないのでしょうか？

旧来型の日本企業の「イメージ」はおおよそ以下のとおりです。

- 平社員が偉くなって，課長，部長になり，取締役になります。
  - ➡つまり，取締役は社内の人がなるものでした。
- 取締役の中から，社長（CEO）が選ばれます。
- 社長の決断・指示は絶対的なものです。
  - ➡役員や社員はみんな社長の指示に従います。
- 後継者については社長が独断で選びます。

この枠組みの中では，社長が経営において絶対的な影響力を持っています。社長が正しい場合には企業は問題なく成長するのでしょう。しかし，「判断を間違えた場合」，あるいは「判断すべき時に判断しなかった場合」に，誰も正すことができず，企業は間違った方向に進みかねません。

一方で，グローバルスタンダードはどのようなイメージなのでしょう？

- 株主総会で株主が会社の重要な事項を決定します。
- 株主総会は通常年1回だけなので，もっと頻繁にチェックが必要です。
- そのため，株主の代表として「取締役」が選任されます。
- 取締役の過半数が独立社外取締役であり，取締役会が株主の代わりに経営（執行）を監督します。
- 経営陣幹部の選任／解任は取締役会の重要な役割です。

ハリウッド映画等で「CEOがクビになる」場面を見ることがありますが，「引

58

導を渡しているのは誰か？」——実はこれが独立社外取締役なのです。

図表4-2 諸外国における取締役会における独立社外取締役の人数に関するコーポレート
ガバナンス・コード等の規定

2名以上	3名以上	3分の1以上	半数以上〜
イタリア(注1)	韓国(注2)	ポルトガル, 香港(注3), シンガポール(注4)	英国(注5), 米国(注6), フランス, イタリア(大規模会社(注1)), スウェーデン, オーストラリア, シンガポール(注4), 韓国(大規模会社(注2)), ICGN

(注1) 大規模会社以外では，議長を除いて少なくとも2名以上が求められる。支配株主が
いるような所有状況が集中している大規模会社には少なくとも3分の1を求める。
（コード）
(注2) 大規模な会社には，半数以上が推奨。（コード）
(注3) 上場規則において3分の1以上を義務化。
(注4) 取締役会議長が独立性を有しない場合に過半数を求める（コード）。その他，これま
で上場規則において少なくとも2名以上が義務化されていたところ，2022年1月1日
に適用が開始される改正上場規則においては，3分の1以上が義務化。
(注5) 取締役会議長を除いて少なくとも半数を求める。併せて，取締役会議長についても
独立性を求める。（コード）
(注6) 上場規則において過半数を義務化。
(注7) ドイツでは，スーパーバイザリー・ボードにおける株主代表において，半数以上の
メンバーが独立性を有することを求める。（コード）
(出所)「取締役会の機能発揮と多様性の確保」令和2年11月18日　金融庁

図表4-2は，各国のコーポレートガバナンス・コードや上場規則に定めら
れる「独立社外取締役の数と割合」です。「半数以上」の欄に含まれる国が圧
倒的です。海外では，「取締役の半数以上が独立社外取締役」という形が一般
的だということがわかります。

「グローバルスタンダードこそが正解だ」というわけではありません。旧来
の日本の企業体制の優れた面ももちろんあります。

グローバルスタンダードの良いところを取り入れつつ，日本の独自性を活か
した体制を築き，コーポレートガバナンス・コードに記載される「目指すべき
取締役会の姿」を実現することが大切です。

コーポレートガバナンス・コードの基本原則4に「取締役会等の責務」とし
て以下のような記載があります。

　上場会社の取締役会は，株主に対する受託者責任・説明責任を踏まえ，会社の持続的成長と中長期的な企業価値の向上を促し，収益力・資本効率等の改善を図るべく，
- (1)　企業戦略等の大きな方向性を示すこと
- (2)　経営陣幹部による適切なリスクテイクを支える環境整備を行うこと
- (3)　独立した客観的な立場から，経営陣（執行役及びいわゆる執行役員を含む）・取締役に対する実効性の高い監督を行うこと

をはじめとする役割・責務を適切に果たすべきである。

　このような取締役会の姿こそが，激動の時代で生き残りさらなる成長を目指すために必要とされています。

　コーポレートガバナンス・コードの詳細は，東証のウェブサイトでご確認ください（https://www.jpx.co.jp/equities/listing/cg/tvdivq0000008jdy-att/nlsgeu000005lnul.pdf）。

3 ┃「社外取締役」の役割

　コーポレートガバナンス・コード原則 4 - 7 には，独立社外取締役の役割・責務として，以下が示されています。

　上場会社は，独立社外取締役には，特に以下の役割・責務を果たすことが期待されることに留意しつつ，その有効な活用を図るべきである。
- （ⅰ）経営の方針や経営改善について，自らの知見に基づき，会社の持続的な成長を促し中長期的な企業価値の向上を図る，との観点からの助言を行うこと
- （ⅱ）経営陣幹部の選解任その他の取締役会の重要な意思決定を通じ，経営の監督を行うこと
- （ⅲ）会社と経営陣・支配株主等との間の利益相反を監督すること
- （ⅳ）経営陣・支配株主から独立した立場で，少数株主をはじめとするステークホルダーの意見を取締役会に適切に反映させること

　また，経済産業省が2020年 7 月に発表した「社外取締役の在り方に関する実務指針（社外取締役ガイドライン）」という資料には，「社外取締役の 5 つの心得」が記載されています。

> **社外取締役の 5 つの心得**
> 《心得 1》社外取締役の最も重要な役割は，経営の監督である。その中核は，経営を担う経営陣（特に社長・CEO）に対する評価と，それに基づく指名・再任や報酬の決定を行うことであり，必要な場合には，社長・CEOの交代を主導することも含まれる。
> 《心得 2》社外取締役は，社内のしがらみにとらわれない立場で，中長期的で幅広い多様な視点から，市場や産業構造の変化を踏まえた会社の将来を見据え，会社の持続的成長に向けた経営戦略を考えることを心掛けるべきである。
> 《心得 3》社外取締役は，業務執行から独立した立場から，経営陣（特に社長・CEO）に対して遠慮せずに発言・行動することを心掛けるべきである。
> 《心得 4》社外取締役は，社長・CEOを含む経営陣と，適度な緊張感・距離感を保ちつつ，コミュニケーションを図り，信頼関係を築くことを心掛けるべきである。
> 《心得 5》会社と経営陣・支配株主等との利益相反を監督することは，社外取締役の重要な責務である。

　簡単にいうと，「執行側と信頼関係を築きなさい」，同時に「しがらみにとらわれず持続的な成長のための戦略を考え」，「業務執行から独立した立場を保ち」，「一般株主の利益を守りつつ」，「遠慮せずに発言・行動し」，「経営を監督しなさい」ということです。

　一方で，社外取締役がどんなに「心得」を意識して行動しようとしても，取締役会における社外取締役が 1 人だけ，残りはすべて執行取締役という状況では，その力を十分に発揮することは困難です。

　そのため，コーポレートガバナンス・コード原則 4 - 8 には以下のような記載があります。

- プライム市場上場会社は独立社外取締役を少なくとも（取締役会の）3 分の 1（その他の市場の上場会社においては 2 名）以上選任すべき
- 過半数の独立社外取締役を選任することが必要と考えるプライム市場上場会社（その他の市場の上場会社においては少なくとも 3 分の 1 以上の独立社外取締役を選任することが必要と考える上場会社）は，十分な人数の独立社外取締役を選任すべき
- 支配株主を有する上場会社は，取締役会において支配株主からの独立性を有する独立社外取締役を少なくとも 3 分の 1 以上（プライム市場上場会社においては過半数）選任するか，または支配株主と少数株主との利益が相反する重要な

> 取引・行為について審議・検討を行う，独立社外取締役を含む独立性を有する
> 者で構成された特別委員会を設置すべき

　独立社外取締役の数や割合について「形式基準にすぎない」と捉える経営者
の方もいらっしゃるようですが，根本にある「コーポレートガバナンスにおけ
る課題」を理解したうえで，コーポレートガバナンス・コードの各原則を遵守
する（コンプライ）のか，または遵守しない理由を説明する（エクスプレイン）
のかを判断すべきでしょう。

　独立社外取締役の役割を改めて認識し，独立社外取締役が存分に力を発揮で
きる環境を整備することが，企業のさらなる成長につながります。

4 ┃ コーポレートガバナンス・コードの改訂（2021年）の意図を理解する

　2015年に策定されたコーポレートガバナンス・コードは，2018年，2021年に
改訂されました。
　2021年に改訂されたポイントを確認することで，コードが何を重視している
のかを理解できます。改訂ポイントは以下のとおりです。

> ①　取締役会の機能発揮
> ②　企業の中核人材における多様性の確保
> ③　サステナビリティを巡る課題への取組み
> ④　上記以外の主な課題

（出所）東証HP（https://www.jpx.co.jp/news/1020/20210611-01.html）より抜粋

①　取締役会の機能発揮
■プライム市場上場企業において，独立社外取締役を3分の1以上選任（必
　要な場合には，過半数の選任を検討）
■指名委員会・報酬委員会の設置（プライム市場上場企業は，独立社外取締
　役を委員会の過半数選任）
■経営戦略に照らして取締役会が備えるべきスキル（知識・経験・能力）と，

　　各取締役のスキルとの対応関係の公表

　■他社での経営経験を有する経営人材の独立社外取締役への選任

　「取締役会の機能発揮」においては，前述した「執行（経営）の監督」をさらに強化するためのポイントが並んでいます。

　執行を兼務する取締役が大勢いる中，独立社外取締役の割合が少ないと，執行側に数で押し切られてしまいます。そのような事態を防ぐため，改訂コードにおいては，たとえば従来「少なくとも２名」となっていた独立社外取締役の数を，「プライム市場上場会社は３分の１（その他の市場の上場会社においては２名）」にすべきとされています。

　また，経営幹部・取締役の指名・報酬について関与することも，経営を監督するうえで重要です。執行から分離され，高い独立性を持った指名委員会・報酬委員会を監督に役立てることが，ここでは推奨されています。

　取締役のスキルについても問われています。自社が成長するための戦略を立案し，その執行を監督するためには，どのようなスキルを持った取締役が必要なのかを洗い出し，「必要なスキル」を持った取締役を選任すること，また各取締役が保持するスキルを透明性をもって開示することが，ここでは求められています。

　「他社での経営経験を有する経営人材」を独立社外取締役に選任することも推奨されています。取締役会の責務として「経営戦略や経営計画の策定・公表」（原則５－２）が挙げられていますが，経営戦略を策定するには経営経験を持つ取締役が必要である，ということです。

② 企業の中核人材における多様性の確保

　■管理職における多様性の確保（女性・外国人・中途採用者の登用）についての考え方と測定可能な自主目標の設定
　■多様性の確保に向けた人材育成方針・社内環境整備方針とその実施状況の公表

③ サステナビリティを巡る課題への取組み

　■プライム市場上場企業において，TCFDまたはそれと同等の国際的枠組み

に基づく気候変動開示を充実（質と量）

■サステナビリティについて基本的な方針を策定し自社の取組みを開示

②と③については，両方ともサステナビリティについての記載です。

　多様性は，サステナビリティのSocial（社会）に当たります。女性を含む多様な人材の視点や価値観は，会社の持続的な成長を確保するうえでの強みとなりえます。取締役会のみならず執行においても女性や外国人等の多様性を強化することで，自社の持続的な成長を目指すことが求められています。特に，人類の半分を占めている女性の活用は焦眉の急です。

　気候変動やTCFDはEnvironment（環境）に当たります。サステナビリティ基本方針を定めたうえで，サステナビリティ経営への取組みを行うことが求められています。

　つまり，2021年の改訂版のコーポレートガバナンス・コードは「サステナビリティ経営をしなさい」と伝えているのです。

④　上記以外の主な課題

　■プライム市場に上場する「子会社」において，独立社外取締役を過半数選任または利益相反管理のための委員会の設置

　■プライム市場上場企業において，議決権電子行使プラットフォーム利用と英文開示の促進

　子会社に関する記載は，子会社に不利であるにもかかわらず，特定の株主（大株主）に有利な経営をすることがないように，株主からの独立性をさらに担保して監督しましょう，という趣旨のものです。

　そして，議決権行使プラットフォーム利用と英文開示は，株主の権利確保と情報提供の強化に対する要請，といえます。

　第5章で記載していますが，時価総額向上のためには海外投資家へのアプローチが不可欠です。開示資料の英語版をタイムリーに提供することは海外投資家対応の第一歩となりますし，議決権行使プラットフォームも海外投資家の権利確保のためには必要不可欠です。プライム市場以外の上場企業であっても海外投資家を視野に入れるのであれば，対応する必要があります。

コラム

アクティビストから株主提案されないようにするためには？

　アクティビストの「良い」,「悪い」には絶対的な基準はなく,「誰・何にとって」という前提により変化するものの, 一般的に「良いアクティビスト」は企業価値向上, そして株主を含めたステークホルダーのために活動します。対象企業の株主価値＝時価総額を本質的に上げたうえで株式を売却することにより利益を得ます。「悪いアクティビスト」は, 対象企業の将来的な企業価値を考慮に入れず短期的な私利私欲を得るために活動します。

　アクティビストが経営に「物申す」のは, 既存の経営陣が「企業価値向上」のために最適な経営を行っておらず, 株主やステークホルダーの利益・便益を正しく生んでいないと考えた時です。対話や議決権行使, 場合によっては株主提案を通じて経営を改善しようとします。そのため,「悪い」アクティビストのみならず「良い」アクティビストであっても, 既存の経営陣にとっては脅威となりえます。

　それでは, どのような上場企業がアクティビストのターゲットとなりうるのでしょうか？　主な要件は以下のとおりです。

- ☑ 資本効率が低い（低ROE, 低PBR, 多額の余剰資金, 不適切な事業ポートフォリオ, 持ち合い株式保有等）
- ☑ 経営陣に課題がある（経営者の不適格性, 長期戦略の欠如等）
- ☑ ESG・サステナビリティ課題への取組みが不足している
- ☑ ディシプリン（規律）が悪い（不祥事, 創業家との争い等）
- ☑ 株式市場との対話が不足している（IR活動に消極的, 取締役会が株式市場に無関心）

　こうした課題を指摘する投資家は, 決してアクティビストだけではありません。投資家から日常的に, さまざまな質問や意見の形で, 同様のフィードバックを受けているはずです。アクティビストのターゲットにならないためには, 株式市場との対話で気づいた「課題」, 前述の「経営上の弱み」を解消することが最短の近道です。特にコーポレートガバナンス上の課題が取り上げられることが多いのでご注意ください。

　アクティビストのターゲットとなった場合には, 面談を含めた対話を十分に行い, 議決権行使や株主提案に至る前に「課題」「弱み」解消への方針を説明・実践し, 理解を得ることが必要となります。

　アクティビストからの面談依頼が来た場合には, 自社の「課題」,「弱み」を再確認して臨むようにしてください。最初の面談で「株式市場と誠実に対話しており隙がない」ことを示すことが大変重要です。

第5章

海外投資家も視野に入れる
──何を準備すればよいか

　海外投資家を呼び込むことが，日本の株式市場および日本企業の喫緊の課題です。本章では，特に海外投資家とコミュニケーションする際に行うべき事前準備について解説します。

1　海外投資家をターゲットとするメリット

　筆者がIRを管掌した企業に転職した際，その企業の海外投資家比率が13%であることに着目しました。明らかに拡大の余地があったためです。固定株比率等を考慮したうえで「まずはこの数字を倍にしよう」と考えて取り組み，1年後には29%に上昇させることに成功しました。

　最終目的である「株式市場との対話＝IRの改善」を考えた際に，まず最初に「海外投資家比率の引上げ」を目指した理由，すなわち「海外投資家比率の上昇を目指すことのメリット」は以下のとおりでした。

---

① 　海外投資家は日本の機関投資家に比べてアクティブ比率が高く，「日本株式市場の売買代金」に占める割合が6割程度と高い数値となっている[1]。
　➡つまり，海外投資家を呼び込むことにより流動性が拡大し，株価上昇のきっかけとなりうる
② 　海外投資家は独自の視点により「高い成長可能性を持つ上場企業」を見つけ，「エッジが効いた」投資をする傾向がある。海外投資家が目を付けた企業に，

1 　（出所）日本取引所グループ「投資部門別　株式売買状況」（https://www.jpx.co.jp/markets/statistics-equities/investor-type/nlsgeu0000063tar-att/stock_val_1_y21.pdf）

　国内機関投資家，個人投資家が追随して投資することがあり，市場を動かす力を持っている。

③　海外投資家は一般的に，運用成績に対して厳しい評価を下される環境にあり，プロフェッショナル度が高い。転職の機会も多く，横のネットワークが強い。そのため，有力な1社が株主になれば他の海外投資家も興味を持つ可能性が高い。

④　海外投資家は日本以外のグローバルな企業への造詣が一般的に深い。日本企業の経営者にとって刺激となる「異なる視点」を持ち，建設的な対話相手として経営に役立つ可能性がある。

　コロナ禍の影響を受けつつも，同社の株価が中期的な上昇傾向に転じることができたのは，上記のメリットが実現されたことによるものだと考えられます。

2 ┃ 自社の株主構成を説明できるようにしておく

　読者の皆さんは「自社の所有者属性別の株式分布状況」について投資家に質問されたら，即答できるでしょうか？

　これは海外投資家がとても気にする数値であり，最初のミーティングで尋ねられることが多くあります（ウェブサイト等に明記している場合には，予習してくるため聞かれませんが）。

　小数点以下のパーセンテージまで覚えておく必要はなく，「〇割〇分」程度の粗さで構いません。過去からのトレンドとあわせて即答できるようにしておいてください。海外投資家との対話の中で，急に問われて回答できないという事態は絶対に避けたいものです。

　常に頭に入れておいていただきたい自社株式関連データは以下のとおりです。

---

①　固定株比率（⇔浮動株比率）

②　個人株主比率（対全体比率／対浮動株比率）（※オーナー経営者等，固定株等を除く）

③　機関投資家比率（対全体比率／対浮動株比率）

④　海外投資家比率（同上）

3 ｜ 海外投資家の日本株式保有割合

　東京証券取引所を含む日本取引所グループの所有者属性別株式分布は前掲図表1-2に示したとおりです。政策保有株等が含まれる「事業法人」が2割程度を占めますが，いわゆる「投資家」の保有を見ると，海外投資家が3割，金融機関（多くは国内機関投資家）3割，個人・その他が16％超となっています。

　まずは上記の構成比を，自社の株主構成と比較してみましょう。事業法人には親会社やオーナー経営者の資産運用会社が，また個人・その他にはオーナー経営者を含む会社関係者が含まれているため，そうした「固定株」を除いた株式数に占めるそれぞれの割合を計算することで，自社の株主構成の特徴を理解することができます。

　さらに「外国法人比率」に関しては，時価総額が同程度の競合企業の株主構成と比較してみると参考になります。

> ・日本取引所グループの平均である3割に遠く及ばない
> ・競合他社よりもずっと低い比率である
> ・卓越した事業モデルを持つ
> ・競争優位性（人的資本・知的資本を含む）を持つ
> ・高い参入障壁を持つ

　皆さんの会社が上記の項目すべてに該当するのであれば，海外投資家をターゲットしたIR活動を真剣に検討すべきかもしれません。
　自社の事業内容を考慮しつつ，また株主構成を株式市場全体や他社と比べながら，自社にとって「理想的な株主構成」がどのようなものなのか，社内で検討してみてください。

4 ｜ 海外投資家の投資対象となるために必要なもの

　「時価総額1,000億円以上の企業でないと海外投資家の投資対象にはならない」というコメントを聞くことがあります。本当にそうでしょうか？
　2022年4月に施行された「市場再編」によって新たに生まれた「プライム市

場」は，「グローバルな投資家との建設的な対話を中心に据えた企業向けの市場[2]」とされています。

「プライム市場」の要件として，「時価総額250億円以上」，「流通株式時価総額100億円以上」，「流動比率35％以上」という要件が含まれていることを考えると，200数十億円の時価総額がある企業は『グローバルな投資家との対話』の対象となりうることになります。

実際に，筆者が現在関与する企業には時価総額が200～300億円の企業もありますが，株主名簿を確認すると「外国法人」割合が一定程度あります。外国人投資家による「大量保有報告」が提出され，建設的な対話が行われているケースも多くみられます。つまり「時価総額1,000億円以上の企業でないと海外投資家の投資対象にはならない」というコメントは必ずしも正しくありません。

もっとも，すべての「時価総額が数百億円の企業」が海外投資家に興味を持ってもらえるわけではありません。卓越した事業モデル，類稀なる競争優位性（人的資本や技術力），高い参入障壁等を持つ企業こそが，海外投資家の投資対象になりうるのです。そして，スタンダード市場上場企業，グロース市場上場企業であってもこの条件に合致するのであれば，現時点での時価総額が小さい場合でも，海外投資家をターゲットすることを検討すべきでしょう。

5 ウェブサイトや資料を英語化する
～情報量・英語の質・公開タイミングを担保することが重要～

海外投資家をターゲットする場合の基本として，筆者が特に重視しているのは以下のポイントです。

(1) ウェブサイト上の日本語の情報・資料がすべて英語に翻訳されて掲載されているか？
(2) 英語の質とスピードのバランスは取れているか？
(3) 情報掲載タイミングは日英同時になっているか？

それぞれの項目について簡単に説明します。

2　https://www.jpx.co.jp/equities/market-restructure/market-segments/index.html

(1)　ウェブサイト上の日本語の情報・資料がすべて英語に翻訳されて掲載されているか？

　CGコードには，「プライム市場上場会社は，開示書類のうち必要とされる情報について，英語での開示・提供を行うべきである」との記載があります。

　プライム市場上場会社，あるいは海外投資家をターゲットするスタンダード／グロース市場上場会社は，ウェブ上の企業情報/IR関連ページの日本語ページについては，ミラーのような形で英語ページを作成する必要があります。

　英語のIR関連ページを1ページだけ作成し決算発表資料等を掲載することで「英語資料の『まとめページ』」としている企業を見かけますが，それでは足りません。

　日本語のIR関連ページに含まれる情報は，投資判断に必要だと考えるからこそ提供しているはずです。海外投資家にとっても当然必要な情報ですので，公平に提供することが「基本動作」といえます。なお，「株式関連手続き」等，海外投資家には関係がない情報については記載する必要はありません。

(2)　英語の質とスピードのバランスは取れているか？

　読者の皆さんがネット上で何かを購入しようと思ったとき，外国語の直訳のような日本語，しかも誤字・脱字があるようなショッピングサイトでは，きっと買い物はしないでしょう。なぜならば，そのサイトの商品やサービスに対して信頼がおけないからです。

　IR関連ページでも同様です。最近の性能はかなり改善されてはいるものの，機械翻訳された直訳風のサイトや，文法・スペルミスが多いサイトでは，皆さんの会社の事業の質・株式市場に対する姿勢にまで疑問を持たれてしまう可能性があります。

　英訳する際には，翻訳内容の正確性や英語の質に注意しつつ，わかりやすい表現を使うよう心がけます。会社ごとの「特殊な単語や言い回し」，「過去に使った表現方法」があるでしょうから，翻訳は同じ人に依頼することが望ましいと考えられます。できれば最低2人，会社をよく知る「お馴染み翻訳者」を育てるように努めてください。

「育てる」という言葉を使いましたが，どうやって「育てる」のでしょう？

翻訳者は外国語のプロではあるものの，事業の専門家ではありません。翻訳してもらった英文は，必ず社内で情報や表現の正確性・妥当性を確認してください。最適な形に修正した場合には，必ず翻訳者にフィードバックすることが重要です。次回以降の大きな改善につながり，それが翻訳者を育てるとともに，皆さんの会社の英文資料の質を高めることになります。

なお，通訳者についても同様です。2人以上の「お馴染み通訳者」を確保し，フィードバックします。外部の優秀な専門家を活用することも，「株式市場との対話」の重要な土台を作るために必要なことです。

英語の質が重要だとお伝えしましたが，一方で「スピード」とのバランスも大切です。特に決算発表資料は短期間で仕上げる必要があり，英文の「推敲」を重ねる時間がありません。

短信や決算説明会資料等の「締切時間が決まった翻訳」については，「誤解を与えず正確であること」を最重視します。一方で，ウェブサイトの「トップメッセージ」等については推敲を繰り返し，ネイティブスピーカーのエディター[3]（校正担当者）に依頼することで，アピール性が高く洗練された英文に仕上げるとよいでしょう。

人手，費用，時間を含めた「リソース」はすべて有限です。「英文情報の作成」のみならずすべての業務において優先順位を付け，リソース配分を適切に行うことがポイントです。

(3)　情報掲載タイミングは日英同時になっているか？

「海外投資家をターゲットとするのであれば，英文資料の公開を日本語資料と同時に実施することが必須です。」

3　洗練された英文を作成するためには，翻訳者に加えてエディターに依頼するとよいでしょう。翻訳者は日本語の意味を正しく英語に変換し，エディターはその内容を吟味して「より洗練された」英文に仕上げます。筆者が長くIRを管掌していた会社では，15年以上同じエディターにアニュアルレポート等の重要な英文の校正を依頼していました。赤字で真っ赤に校正された英文の中には，日本語の原文以上に強く会社の意志を読者に伝えるものが多くありました。

そう言うと，時折次のような答えが返ってきます。

「決算発表においては，日本語完成がギリギリになってしまうので，英文資料を発表日に間に合わせるのは無理なのです。」

日本取引所グループの調査によると，決算短信の英文開示を行っている企業のうち，同時開示を行っている企業の割合は42.4％，同日が10.9％，翌日以降が46.7％[4] となっています。つまり，半分以上の企業では決算短信の日英同時開示ができていません。

社内の事情は想像できます。決算発表当日ギリギリまで決算内容の分析を行い，「現状をいかに正しく伝え，課題解決のための戦略をどのように伝えるか」等，経営陣と社員が一丸となって知恵を絞っているのだと思われます。しかし，海外投資家が株主に含まれている企業，あるいは海外投資家をターゲットする企業が「日英資料の同時公開」をすることは大変重要です。同時公開は「公平

図表 5-1　決算短信の開示タイミング（社数ベース）

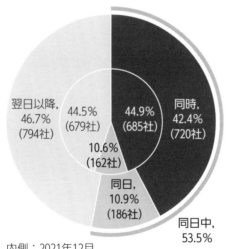

内側：2021年12月
外側：2022年7月

（出所）東京証券取引所「英文開示実施状況調査
　　　　集計レポート（2022年8月）」

4　（出所）東京証券取引所「英文開示実施状況調査集計レポート（2022年8月）」

に情報を提供すること」と「海外投資家重視の姿勢を見せること」であるため，絶対に避けて通れません。

「英訳なんて，すぐできるはずだ」と考える方がいらっしゃるようであれば，それは間違いです。日本語版の原稿自体に日々修正が入る中，誤解を生まない定性的な表現と正確な数値の記載を担保するためには，作成のための一定の日数と「水も漏らさぬ」最終確認が必要となります。

では，現在「同時公開」ができていない会社は何をすべきなのでしょうか？

英文資料の同時公開を絶対目標としたうえで，決算発表日から逆算して決算発表スケジュールを見直します。

筆者は，多くの企業で決算発表スケジュールの見直しを実行してきました。決算発表に向けたスケジュールを立て，実際に作業を進めます。さまざまな「想定外」の事案が発生しますが，何とか決算発表を行った後には，時間を置かずに「振り返り会」を毎回必ず開催することが重要です。

関係者全員が参加する「振り返り会」において，「うまくできたこと」，「今後改善すべきポイント」を洗い出します。四半期ごとにPDCAを繰り返すことで，よりスムーズに決算作業が進み，英文資料も無理なく期日までに完成できるようになります。

過去に筆者が関与した企業において海外投資家比率が上昇し，中長期視点の海外投資家による大量保有報告書提出等があったことの土台には，この「日英資料同時公開」がありました。

まだ同時公開ができておらず前述の「短信の翌日以降公開　46.7％」という数値を見て安心した方が万が一いらっしゃるようであれば，その方は海外投資家の獲得を諦めたほうがよいでしょう。

逆に「チャンス！」と思った方は，比較優位性をすでに手に入れています。即，実行に移すべく段取りに入りましょう。

6 ｜「認識ギャップ」を埋めるための補足資料を作成しているか？

(1) 「認識ギャップ」を把握する

　ある企業で海外投資家との対話を開始した直後，違和感がありました。投資家がイメージする市場規模と，自社が考える市場規模が大きく異なっていたのです。

　話しているうちに認識ギャップの理由がわかりました。その会社の主事業はアルバイト採用支援プラットフォームだったのですが，「アルバイト＝Part time workers」に対する認識がそもそも異なっていたのです。

　その海外投資家は「アルバイト」を「週に2－3日，2－3時間だけ働く人」と認識していました。そのため，「なぜそんなニッチな市場に特化しているのか？」という疑問をずっと持っていたのでした。

　「メンバーシップ型」の日本企業と「ジョブ型」の海外企業では「正社員」への認識がそもそも異なります。日本の「アルバイト」社員の中には，週5日フルタイムで働く社員も存在します。日本の雇用形態について，日本人と外国人の間に大きな認識ギャップがあったのです。

　認識ギャップを埋めるべく，チームメンバーと協力して「日本の雇用形態一覧表」という資料を作成しました。「正社員」，「契約社員」，「アルバイト・パート」，「派遣社員」，「業務委託社員」といった異なる雇用形態の特徴についてまとめたエクセル形式の表です。

　完成した表を，認識ギャップがあった海外投資家に見せると「なるほど！前回あなたが説明してくれたことが，やっと理解できた」と言っていただくことができました。その投資家だけではありません。長年にわたり株式を保有してくれており，他の人材関連企業の大株主でもある別の海外投資家からも「実は今まで定義をきちんと理解できていなかった。この資料でクリアになり，貴社事業に対して以前よりもさらにポジティブな印象を深めた」というコメントをいただいたのです。

　海外投資家が日本企業に投資するためには「異なる常識を理解する」という

大きな苦労があるのだ，ということを改めて感じる出来事でした。このときの認識ギャップは「労働契約および実態に対する理解」でしたが，他にも「カルチャー」，「競合状況」，「産業を取り巻く状況」等，さまざまな認識ギャップが生じえます。

　企業側が「どこかに認識ギャップがないか」ということに常に気を配り，ギャップを埋めるために尽力することが，海外投資家にとっての「投資先候補」となるために必要です。

(2)　アプローチの違いを認識し，大枠から説明する

　海外投資家が日本の機関投資家と異なる点は言語（英語）だけではありません。ロジックの組み立て方やアプローチの仕方が異なります。

　日本の機関投資家は，日本企業の事業背景等をすでに理解していることも影響し，「事業の詳細な点」についてディスカッションする「積上げ」のアプローチが多い印象があります。

　一方，初めて会う海外投資家が，いきなり事業の詳細な点について質問してくることは稀です。それよりも会社を大枠で捉えようとして，たとえば以下のような順序で質問してくることが多いと思われます（**図表 5 - 2**）。

① 　事業モデル（「具体的にどのような製品／サービスを」，「どのような課金形態で」，「誰に販売して」いるのか，等）
② 　ターゲットとしている市場，規模
③ 　競合状況と市場シェア
④ 　自社の強み・課題
⑤ 　自社戦略

　こうした質問に対して，参照する資料もなく口頭による説明のみで投資家の理解を深めることは困難です。大枠で企業・事業を捉えた「初めての投資家用プレゼンテーション資料」を作成することが必要です。

　もちろん，この資料は海外投資家だけでなく，初めて面談する日本の機関投資家に対して活用することもできます。

図表5-2　海外投資家のアプローチ──「積上げ」ではなく「マクロ視点（大枠）からミクロ視点（詳細）へ」（例）

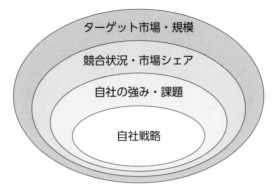

(3)　初めての投資家用プレゼンテーション資料

「初めての投資家用プレゼンテーション資料」に含むとよい主要項目は，以下のとおりです。

- ビジョン，ミッション，パーパス等
- 事業モデル（例：誰からお金をどうもらって，誰にどう払っているか）
- 市場規模，競合（各社の特徴），市場シェア推移
- 自社の強み，差別化要素
- 事業・財務戦略
- 財務・非財務指標推移表（できればエクセルでサイトに掲載）
- 株主還元方針
- 株主情報（所有者別株式分布状況），コーポレートガバナンス情報，等

面談前に「統合報告書，短信，決算プレゼンテーション資料」等，複数の資料をどさっと送っても，投資家は中々全部読む時間がありません。また，決算プレゼンテーション資料は，直近の業績に重点が置かれており，中長期的な成長を語るには相応しくない場合が多くあります。

この「初めての投資家用プレゼンテーション資料」に，「投資家が最初に気にする事柄」を含めておけば，効率的に対話が進むでしょう。

また，海外投資家は「財務／事業分析指標から全体像を把握しよう」とする

ことが多くあります。ROE，営業利益率，KPI推移等の変化の理由や今後の見通し等が，よく議論の俎上に載せられます。

　ここで留意いただきたいのは，前述の「大枠からのアプローチ」で質問された際には，「大枠で返すことを意識」するという点です。

　例を挙げましょう。

　「営業利益率が年々低下している理由は何か？」と投資家に聞かれた場合，さまざまな詳細な過去の事象が浮かびます。

　「2017年度には新規事業Ｂ推進のために広告宣伝費を多く使った」

　「2018年度には利益率が低めの新規事業Ｂが大きく成長した」

　「2019年度には子会社を買収した。子会社の売上はグロス計上されるものが多く，ネット計上が主な親会社の利益率よりも低いため，影響が出た」

　「2020年度にはコロナ禍の影響で売上高が減少し，その影響を受けた」などなど…。

　確かに，財務指標が変化するのはこうしたさまざまな事象が影響するためです。とはいえ，それぞれの事象を散文的に話していたのでは，投資家の本質的な理解にはつながりません。

　筆者がお勧めするのは「ストーリーを作ること」です。たとえば，以下のような説明です。

---

① 　弊社の主要事業Ａの営業利益率は〇％。広告宣伝費等の増減により若干上下するものの，基本的には大きく変化しないものと考えている。

② 　ただし，コロナ禍の時のように売上高が大きく減じた場合には固定費の割合が拡大するため，利益率が下がる。売上高が〇％減少すると理論的には営業利益がブレークイーブン（損益分岐点）になる。

③ 　また，将来的に売上高が増加した場合には営業利益率は〇％まで上昇可能と考えている。

④ 　直近5年間では，利益率が異なる事業の拡大（2018年度）や子会社買収（2019年度）により，全体の利益率が下がって見えているが，各事業の利益率が下がっているわけではない。

⑤ 　資本コストを上回る利益成長が期待できる事業に絞ったうえで，効率性を重視しつつ，新規事業やM&A※を行っていく所存である。

※ 　可能であれば，ターゲットとするIRR（Internal Rate of Return：内部収益率）基準や対象企業のEV/EBITDA倍率等を伝えるとよいでしょう。

このように「大枠を理解するための質問」に対しては「本質的な構造」を伝えることで，対話相手の理解を深めることができます。

なお，この伝え方は，もちろん日本の機関投資家にも有効です。

⑷　第三者リサーチレポートの活用

もし自社のリソース不足により「認識ギャップを埋めるための資料作成」，「マクロ視点（大枠）からのアプローチによる説明」が困難な状況であれば，第三者リサーチレポート（日・英）を活用する方法もお勧めです。

第三者リサーチレポートというのは，㈱シェアードリサーチ等のリサーチ会社が提供するサービスを指します。企業側の費用負担により，リサーチ会社が企業情報を集約し機関投資家の視点で整理し直します。その際に，「投資家が誤解しがちなこと」について説明を補足してもらうことで，認識ギャップを埋めるための有益な資料として活用することができます。

7 ┃ 英語を学びながら実務に役立てる
〜少しずつ英語で話すことでコミュニケーションを向上させる〜

⑴　英語で話すメリット

読者の皆さんの中には，必ずしも英語が得意ではない方，中途半端な英語でコミュニケーションするよりは，プロの通訳をつけたほうが効率的・効果的だとお考えになっている方もいらっしゃるかもしれません。

それでも，自身が英語でコミュニケーションするための努力はぜひ行っていただきたいと思います。努力をすることによるメリットは以下の3つです。

①　面談時間の有効活用
②　ロジックの組み立て方や話す順序に関する頭の切替え
③　海外投資家のコメントの微妙なニュアンスへの理解促進

①　面談時間の有効活用
投資家面談は通常1時間です。ところが，通訳を介すると，どんなに素晴ら

しい通訳であったとしても，実質的な面談時間は半減してしまいます。自身の説明部分だけでも英語で話すことで，効率的な時間の使い方ができます。

② ロジックの組み立て方や話す順序に関する頭の切替え

6(2)でお伝えしたとおり，コミュニケーションギャップは「言語」だけでなく，「ロジックの組み立て方」，「アプローチ」等にもあります。

英語が堪能な方がよくいっているのは，「使う言語によって考え方や話し方が変わる」ということです。筆者自身，英語で話す場合には日本語よりも「短い文章をロジカルにつなげ」，「結論から先に」，「ポジティブ／アグレッシブな表現を使って」話す傾向があると自覚しています。

皆さんも，日常で使っている日本語ではなく英語で話すことで（あるいは「英語で話そう」と思うことで），日本語とは異なる「ロジックの組立て方」や「アプローチ」へ頭を切り替えることが可能となるかもしれません。

③ 海外投資家のコメントの微妙なニュアンスへの理解促進

通訳を通じて対話していると通訳に頼りすぎ，「相手が英語で話している内容を理解しよう」という努力をしなくなりがちです。

どんなに優秀な通訳でも，言葉の微妙なニュアンス（たとえば皮肉が混じっている口調）をすべて伝えるのは困難です。自ら英語でコミュニケーションする意識を持つことで，相手が英語で話している内容を聞き取ろうという気持ちが生まれるはずです。

筆者がIR責任者を担っていた時の経営トップの中に，英語でのコミュニケーションに大変優れた方がいました。決して流暢な英語ではなく，どちらかというと訥々と話します。しかし，短い文章はわかりやすいロジックでつながれていて，投資家が疑問に思うことに常にストレートに回答していました。海外投資家はその経営トップに強い信頼を置いていました。

筆者が着任した際には，その方はすでに優れた英語コミュニケーションを行っていたため，「もともと英語が話せる方なのだ」と思っていましたが，その後，同僚から「以前は全然英語が話せなかったのに毎日練習して上手になった。会社でも恥じることなく大きな声で練習していた。」と聞きました。

実は努力の方だったのです。経営トップが自分の言葉で海外投資家とコミュニケーションすることで，株式市場の会社に対する理解をますます深めることができたと確信しています。

業務が忙しい中で，英語レッスンに時間を取ることは難しいかもしれません。英語を学びながら，実務に役立てる──そのような実践方法をいくつか推奨したいと思います。

(2)　英語で話す準備をしてみる
　　～自己紹介，事業説明の準備と実践等～

実務で忙殺される中であっても，英語でのコミュニケーション力を効果的に向上させることができる方法を4つご紹介します。いずれも筆者自身が関係した会社にて実践したことです。

---

① 自己紹介の準備と実践
② 「自社が魅力的な投資対象であること」の説明
③ チーム内での勉強会
④ オンライン英会話等での練習

---

①　自己紹介の準備と実践

初めての投資家と会うときに，皆さんはどのような自己紹介をしていますか？　ご自身の名前と肩書だけを伝えているのであれば，とてももったいないと思います。

投資家，特に海外投資家にとって「自身の対話相手が誰なのか」ということは，とても重要です。皆さんが経営者であれば「自身の経営者としての資質」，「起業の想い」を，経営企画やIRの担当者であれば「経営の代弁者としての資質を持っており，対話相手として信頼できること」をアピールしてください。

たとえば，筆者は以下のように伝えていました。

☑　大学卒業後は外資系金融に入社，金融知識の基礎を叩き込まれた。
☑　その後，IRコンサルティング会社に所属，IRの基礎を学んだ。
☑　上場企業2社でIRを延べ20年間管掌している。特に最初の会社では従業員数が160人から1万人超まで拡大する全過程にわたり株式市場と対話してき

> ため，多くの経験を積めたと考えている。
> ☑ 当社はインターネットをベースにした事業展開を行っているため，前社での経験をフルに活かすことができている。
> ☑ また，「執行役員」という役職にいるため，経営を俯瞰して観ることができる立場にいる。

　2分程度の自己紹介ですが，「金融知識があり」，「株式市場を理解しており」，「会社の事業を深く理解していて」，「経営トップに近い」ことを伝えています。

　たとえば，皆さんの中には自社内で経験を積んでいらっしゃった方も多いでしょう。そのバックグラウンドは「会社の事業を深く理解している」という強みをアピールするために使えます。

　中には自己紹介を延々と話し続ける方がいますが，経営者であれば5分以内，担当者であれば2分以内を目標にするとよいと思います。投資家がさらに聞きたいようであれば，投資家側から深掘りのための質問が出るでしょう。

　さて，この「自己紹介」をまずは日本語で準備します。内容を推敲したうえで英訳し，ネイティブチェックを受けて「洗練された英語」にしてください。必要であれば，全体の構成を変え，英語的なアプローチにします。

　そして，ネイティブスピーカーが読んだものを録音してもらい，録音に合わせて練習することで，正しい発音とイントネーションを学ぶのです。

　「英語版自己紹介」を暗記し，原稿を見なくても正しい発音・イントネーションでスラスラ話せるように準備します。当日は「面談は基本的に通訳を介させていただきますが，自己紹介については英語で話しますね」と最初に伝えるとよいでしょう。

② 「自社が魅力的な投資対象であること」の説明

　2つ目の実践方法は，「初めての投資家用プレゼンテーション資料」を活用するものです。

　投資家によって面談の進め方の好みがあります。大きくは「最初に会社側の説明を聞きたい投資家」と「最初から質疑応答に入りたい投資家」の2つに分けられます。

　説明を聞きたい投資家には，「初めての投資家用プレゼンテーション資料」

をベースに10〜20分程度の説明を実施します。

　この説明で伝えたいことは何でしょう？

　それは，「自社が魅力的な投資対象であり，投資を検討すべき」というメッセージです。

　比較的，一方的な説明になりますので，わざわざ通訳を介するのは時間の無駄です。自己紹介と同様，事前に英語原稿を作成し，ネイティブスピーカーの発音・イントネーションを含めて暗記し，スムーズに話せるよう準備します。どうしても暗記できなければ，読むだけでも結構です。徐々に暗記して話すようにしましょう。

　ここで気をつけなければならないのは，「投資家をイラつかせない」ことです。

　投資家は非常に忙しい人々です。特に海外投資家は，日本企業と面談する機会が限られているため，面談時間を効率的に活用する必要があります。企業側もそうした海外投資家の気持ちを汲んで，何事も効率的に進めることを意識しなければなりません。たどたどしい英語で説明し，投資家を英語の練習台にするような試みは，絶対に避けるべきです。

③　チーム内での勉強会

　担当者の場合には，少人数のチームで勉強会を実施するのもよいでしょう。

　実務に役立てるためには，「臆せず話す」姿勢が必要です。たとえば毎日30分，日本語エッセイ（短編）を題材に，「概要を英語で伝える」練習をすることは効果的です。メンバーが交互に声を出して話すことを推奨します。

　日本語のエッセイは，「結論から先」には書かれていません。また，事象が単発的に書かれている場合が多いように感じます。これを外国人に説明するつもりで，英語的なアプローチに変換するのです。

　この練習を繰り返すことで，海外投資家とのコミュニケーションで求められるアプローチ方法，つまり「結論を先に」，「ロジックの組立てを工夫してストーリーを作る」ことの練習にもなります。

④　オンライン英会話等での練習

　これは今でも筆者自身が活用している方法です。

　執行に携わっていた際には四半期に50件以上，海外投資家との面談を行っていました。ところが執行を離れた現在では英語でディスカッションする機会がほとんどありません。

　使わなくなると，外国語で話す能力は徐々に失われてしまいます。そのため，筆者はオンライン英会話のレッスンを活用しています。

　レッスンにおいては「文法やボキャブラリーを細かく指摘するよりも，自由にたくさん話させてほしい」と伝えています。エッセイ等を活用し，「③チーム内での勉強会」のように概要をトレーナーに説明したり，コンテンツに対する自らの意見を伝えたりすることで，英語のスピーキング能力を維持するとともにアプローチ方法を忘れないように，毎日25分のトレーニングを行っています。

　これから海外投資家とのコミュニケーションを深めようとする皆さんにも，上記の練習方法は役立つと思われます。

　本章の最初で申し上げたとおり，海外投資家を呼び込むことが，日本の株式市場および日本企業の喫緊の課題です。ぜひ，万全の準備を行ったうえで，海外投資家との対話を深めてください。

　一方で，外国人投資家から「自身で英語が得意だと思っている経営者や担当者の中には，何を言っているかわからない英語で面談を行う残念な人もいる。」と聞いています。

　一方的に話すのではなく，面談相手が正しく理解しているかを見極め，必要があれば通訳を介すべきでしょう。

第**6**章

面談（対話のためのミーティング）を実践する

1 面談前の準備

　本章では，実際の投資家との「面談を通じた対話」について解説します。

　第1章では，投資家を「機関／個人」，「中長期／短期視点」で4象限に分類し，建設的な対話のためのターゲティングをしました。

　面談の対象は一般的に機関投資家です。面談が決まったときには，面談相手の視点（中長期・短期）だけでなく，他にもさまざまな「相手に関する事前知識」が必要となります。

　面談には大きく分けて「1 on 1ミーティング」（投資家1社と自社との面談。投資家1社から複数のファンドマネジャーやアナリストが参加する場合もある）と「スモールミーティング」（投資家複数社と自社との面談：本章**2**(7)⑥（103頁）をご参照ください）があります。

　ここでは，具体的に面談前に何を把握し，準備すればよいかを考えていきます。

(1) 投資家プロフィールの確認

　まずは，相手がどのような投資家なのかを知らなければなりません。

　IRコンサルティング会社の「投資家データベース」や投資家ウェブサイト等で主に以下の点について確認しましょう。

①　アクティブ運用か，パッシブ運用か
②　短期視点か，中長期視点か
③　株式運用資産規模

④　運用スタイル（Growth, Value, GARP, Income等）
⑤　エンゲージメント・スタイル
⑥　株式保有状況（自社＆競合他社）

①　アクティブ運用か，パッシブ運用か

　時価総額が大きく，TOPIX等のインデックスにおける組入れ構成比が大きい上場企業には，パッシブ運用の投資家によるエンゲージメントのための対話依頼があるかもしれません。パッシブ運用投資家との対話等はいわゆるIR（Investor Relations）ではなくSR（Shareholder Relations）活動に分類されます。

　アクティブ運用投資家とパッシブ運用投資家とでは対話の目的が異なります。

　中長期視点のアクティブ運用投資家は投資先の中長期的な企業価値増大を目指しますが，パッシブ運用投資家は投資先企業のみならず，市場全体の持続的な成長を目指します（パッシブ運用投資家は基本的に長期視点の運用者であるため，ここでは中長期視点のアクティブ運用投資家と比較しています）。そのため，たとえば，ESG課題についても異なる視点を持っています。

　図表6-1はGPIF運用受託機関が「重大なESG課題」として挙げた課題です。

図表6-1　GPIFの運用受託機関が「重大なESG課題」として挙げた課題

国内株式パッシブ		国内株式アクティブ	
気候変動	100%	取締役会構成・評価	100%
コーポレートガバナンス	100%	少数株主保護（政策保有等）	100%
情報開示	100%	情報開示	100%
サプライチェーン	100%	サプライチェーン	88%
ダイバーシティ	100%	気候変動	88%
不祥事	100%	資本効率	88%
取締役会構成・評価	83%	ダイバーシティ	75%
少数株主保護（政策保有等）	83%	不祥事	75%
資本効率	83%	人権と地域社会	75%
人権と地域社会	83%	廃棄物管理	75%
生物多様性	83%		

（出所）　GPIF（年金積立金運用独立行政法人）「2021/22年　スチュワードシップ活動報告（2022年3月29日）」をもとに筆者作成

　アクティブ運用投資家全員が挙げた課題は個社に関わるものが中心であることに比べて，パッシブ運用投資家全員が挙げた課題は社会や環境全体に関するものが多いことをおわかりいただけるでしょう。

　アクティブ運用投資家とは自社の中長期的な企業価値増大について対話し，パッシブ運用投資家とは第3章と第4章に含まれる内容，特に「リスク」部分を確認したうえで対話するとよいでしょう。

②　短期視点か，中長期視点か

　第1章で説明した分類方法です。

　なお，機関投資家の視点の長さは，その機関投資家に資金を預けているアセットオーナー[1]の資産の種類に左右されます。たとえば，一般的に支給開始タイミングが遠い将来となっている年金の運用にあたっては運用方針も中長期視点になりますし，アセットオーナーが短期の運用成績にこだわるのであれば，運用方針が短期視点になります。

　そのため，データベース等で「平均保有期間」を確認すると同時に，アセットオーナーについても確認するとよいでしょう。

　なお，短期視点の機関投資家と対話する際にも，中長期視点の投資家に対応するときと同様，事業等について十分に説明し，質問には誠実に回答すべきです。視点の長さで投資家を区別すべきではありません。そのうえで，留意する点は2つです。

　1つ目は，フェアディスクロージャーに十分留意することです。尋ねられたからといって，公表していない足元の情報等を教えてしまってはいけません。詳細については本章2(8)に記載したのでご確認ください。

　2つ目は，投資家からの質問が短期的な業績動向に集中した際に，自分も短期的な事象にフォーカスしすぎないように気をつけることです。相手の質問に寄り添って答えることは必要ですが，中長期視点に立ったコメントを添えるこ

1　アセットオーナーとは，年金基金・銀行・保険会社・財団等，資産の保有者となる組織を指します。GPIFはアセットオーナーの代表格です。アセットオーナーが自身で運用する場合もありますが，日本では多くの場合，第三者のアセットマネジャー（機関投資家等）に運用を外部委託します。

86

とで，対話の視点が短期に集中しないようコントロールすることが重要です。

> 例：質問「来四半期の営業利益率は何%ポイント程度上昇しそうですか？」
> 回答「○月に発表した業績予想では，今年度の営業利益率は○○%を想定し
> ています。利益率が高いA事業の成長率が高いため，将来的には競合の
> B社と同程度の利益率を目指せると考えています」

③ 株式運用資産規模

投資家の運用資産規模についても確認します。

運用資産総残高が大きくても，株式運用分，株式アクティブ運用分，また海外投資家においてはグローバル株式運用分，日本株式運用分が総残高に比較して小さい場合もあります。「自社が対象になりうる資産残高」がどれくらいあるかを確認するとよいでしょう。

運用資産額によって対応を変えてはいけませんが，自社株式の購買余力をどの程度持つのかを知っておくとよいでしょう。

④ 運用スタイル（Growth，Value，GARP，Income等）

アクティブ運用投資家の主要な運用スタイルは次のとおりです。

> • Growth（成長性）ファンド
> • Value（割安性）ファンド
> • GARP（Growth at Reasonable Price：成長性＋割安性）ファンド
> • Incomeファンド

Growthファンドは売上高・利益の成長性を重視します。

Valueファンドは，現在の株価が当該企業の実質的な企業価値，利益水準に対して割安だと思われるものに投資する手法です。

GARPは成長性と割安性の両方を重視した投資手法で，上記の2つの手法の間に位置するものです。

Incomeファンドは，配当性向が高い企業や増配が期待される企業等，配当利回りが高い企業に投資します。

面談相手の運用スタイルを知ることで，相手が自社に対してどのような期待

感を抱いているのかを理解することができます。

　Growth系の投資家とは自社の利益成長性，市場シェア拡大のための戦略等についてディスカッションするとよいですし，Value系の投資家とは「株式市場がまだ理解していない自社のポテンシャル」や「既存の課題を解決して企業価値を上げるための施策」についてディスカッションするとよいでしょう。Incomeファンドとの面談では配当方針がディスカッションのテーマになるかもしれません。

⑤　エンゲージメント・スタイル

　2014年，「日本版スチュワードシップ・コード」が策定・公表されました。これは機関投資家が，自社の顧客や受益者と投資先企業の双方を視野に入れ，「責任ある機関投資家」として「スチュワードシップ責任」を果たすにあたり有用と考えられる諸原則を定めたものであり，上場企業に対する「コーポレートガバナンス・コード」と対になるものです。

　このコードでは，機関投資家におけるスチュワードシップ責任について次のように述べています。

　本コードにおいて，『スチュワードシップ責任』とは，機関投資家が，投資先企業やその事業環境等に関する深い理解のほか運用戦略に応じたサステナビリティ（ESG要素を含む中長期的な持続可能性）の考慮に基づく建設的な「目的を持った対話」（エンゲージメント）などを通じて，当該企業の企業価値の向上や持続的成長を促すことにより，「顧客・受益者」（最終受益者を含む。以下同じ。）の中長期的な投資リターンの拡大を図る責任を意味する。

（出所）「責任ある機関投資家」の諸原則　≪日本版スチュワードシップ・コード≫

　スチュワードシップ・コードに該当するものは海外各国でも策定されており，多くの機関投資家がコードの受入れを表明しています。

　つまり，アクティビストやエンゲージメント・ファンドに限らず，多くの機関投資家が「目的を持った対話＝エンゲージメント」を行う姿勢を持っている，ということになります。

　ただし，アプローチの仕方は投資家によって異なります。「モノ言う株主」

といわれるアクティビストのように積極的に株主提案を行う機関投資家や，対話によって相互理解を深めたうえで最善のソリューションに導こうとする機関投資家等，さまざまです。

面談の前に，面談相手がアクティビストといわれる投資家であるか否かを含め，IRコンサルティング会社の「投資家データベース」や投資家ウェブサイト等でエンゲージメント・スタイルを確認しておきましょう。

⑥　株式保有状況（自社＆競合他社）

面談相手が自社株式を保有しているか否かは重要な情報です。

株主名簿を確認することで，どの機関投資家が株式を保有しているのかがわかればよいのですが，残念ながら現在の仕組みではわからない部分が多くあります。

日本の機関投資家の場合は，投資顧問会社や信託銀行等の運用者が，信託名義の後ろに隠れてしまっていて見えない場合があります。

また，外国人株主の場合はもっとわかりづらくなっています。つまり，株主名簿には資産管理を行っている「グローバル・カストディアン[2]」の名称しか載っていないケースが多く，実質的にファンド運用をしている投資家が誰なのかがわからないことが多いのです。

実質的な株主を判明するのに一番良い方法は，「実質株主判明調査」を行うことです。この調査は，ジェイ・ユーラス・アイアール㈱をはじめとするIRコンサルティング会社が実施しています。

資金リソースが限られていて，現時点では「実質株主判明調査」の実施が困難な上場企業の場合は，当面はIRコンサルティング会社が提供する「投資家データベース」を参照するとよいでしょう。

「投資家データベース」に含まれる機関投資家の株式保有情報は通常，大量

2　カストディアンとは，投資家に代わって有価証券の保管・管理などの業務を行う金融機関です。全世界で業務展開し，現地のカストディアンと提携する金融機関をグローバル・カストディアンと呼びます。著名なグローバル・カストディアンには，バンク・オブ・ニューヨーク・メロン，JPモルガン・チェース，シティバンク，ステート・ストリート・バンク＆トラストなどがあります（出所：大和証券HP）。

保有報告書・ファンドによる運用報告書・有価証券報告書などの公開資料から集めた情報を一元化したものです。「投資家データベース」を提供している㈱みんせつによると「機関投資家による保有の7～8割が明らかになる」とのことです[3]。

　株式保有を確認する際には，「一時点」ではなく時系列で見るようにしてください。保有株式の増減があれば，それを念頭に置きながら対話する必要がありますし，必要に応じて「保有株式数変化の理由」について質問してもよいでしょう。

　なお，「投資家データベース」を確認する際には，その面談相手が他にどのような上場企業の株式を保有しているかについても確認しましょう。相手の投資方針を理解する一助になります。

(2)　議決権行使内容の確認

　面談相手が株主である場合には，直近の株主総会における議決権行使内容についても確認します。

　自社の名義書換代理人（信託銀行等）に相談すれば，判明している範囲で議決権行使結果を共有してくれる可能性があります。ただし，実質的な株主が不明な場合には当然，議決権行使結果も判明しません。なお，それぞれの投資家の議決権行使結果を面談のたびに問い合わせるのはお互いにとって時間の無駄なので，株主総会後にまとめて依頼するとよいでしょう。

　また，多くの日本の投資家および海外の投資家の一部は，「議決権行使結果」をHPに掲載し，個別企業に対する議決権行使について開示しています。議案に反対している場合には，反対の理由が記載されていることがあります。面談相手の行使内容が判明し，またその投資家が議案のいずれかに対して反対票を入れているようであれば，ディスカッション・テーマの1つとするとよいでしょう。コーポレートガバナンス改善のためのヒントを得ることができるかもしれません。

3　（出所）㈱みんせつHPを参照。

⑶　過去のコミュニケーション内容

　以前に面談したことがある投資家であれば，過去の議事録を確認することは必須です。

　「どのような質問を受けたのか」，「投資家側が，どのようなポイントに自社の『強み』，『課題』を感じていたのか」，「経営方針のどのポイントに疑問を抱いていたのか」という点はとても重要です。

　事業内容について自社側が説明した内容は，他の投資家面談での説明内容とほぼ同様でしょうから，それほど参考にはならないかもしれませんが，その際に出た質問に対する自社側の回答は確認しておきます。

　まっさらな気持ちで面談に臨むのではなく，「前回の続きのディスカッションを行う」という意識で臨みます。

　たとえば，面談の最初に「前回，あなたから『利益率の低下が課題だ』というお話がありました。その点につき，新たな取組みがあるのでお話しさせてください」というように話を進められるのであれば，対話を重ねることでさらに建設的な対話につながります。

⑷　対応者の決定

　面談の対応者は誰が望ましいでしょうか？　筆者が執行を担っていた会社の1つでは，年間の面談数は700件程度でした。通常の面談のメインスピーカーは，CEOとCFO，そして筆者を含めたIR担当部門が担っていました。CEOが対応する面談が約15％，CFOが対応する面談が約20％，残りはIR担当部門です。

　状況に応じて，COOや各事業部門の責任者に「スピーカー」を依頼することもありました。

　「株主との対話」は取締役会の責務であり，経営者の仕事です。投資家との個別面談にも対応してもらう必要がありますが，すべてに対応してもらう必要はありません。

　以前に聞いた話です。

　外国人投資家が，ある企業のCEOに「あなたは自分の時間のどれくらいを『投資家との対話』に割いていますか？」と聞きました。CEOは，「投資家に聞か

れた質問だし，投資家を重視していることを伝えたほうがよいだろう」と考え「自分の時間のすべてをIR活動に割いています」と答えました。すると，海外投資家は呆れたように答えたそうです。

　「あなたの主務は『経営』だ。投資家対応はほどほどにして，きちんと経営をしてほしい。」

　経営陣の時間は有限で，とても貴重なものです。経営の糧になる面談相手を選定することが何よりも重要です。まずは，第1章でお伝えしたとおり，「中長期視点」の投資家を面談相手として選ぶ必要があります。
　また，洞察力があり，経営者に役立つディスカッションを提供してくれそうな投資家を選定する必要があります。他には前述のとおり，既存の株主か否か，株式運用資産規模，運用スタイル等を参考に検討します。
　IR担当部門は，常日頃から「経営陣の対話相手となりうる投資家」を発掘する意識で面談に臨みます。
　なお，投資家の中には，IR担当部門に対しては強く意見をいうのに，経営者には忖度する人も皆無ではありません。忖度することによって，自身の厳しい意見をいわないような投資家と会うことは，経営者にとって時間の無駄です。
　経営者の前でも毅然と自分の考えを伝えることができる投資家こそ，「経営陣の対話相手となりうる投資家」だといえます。

(5)　対応者の「意識の持ち方」

　「忖度しない投資家」と対話する場合，対応者，特に日常的に投資家に接していない経営者側の意識の持ち方が重要です。
　中長期視点の投資家が厳しい意見をいうのは，企業の中長期的な価値を上げるためです。決して経営を否定しているわけではなく，「さらに改善するためのアイデア」を出してくれているのです。

　経営者の方は，これらの投資家に会う前には，彼らが「中長期視点で企業の成長を望んでいること」，「皆さんの経営を否定しているわけでは決してないこと」，「改善のための貴重な助言をしてくれていること」を理解し，もし厳しい

コメントがあったとしても，それを「攻撃」と捉えずに「応援」と捉えるよう努めてください。

また，機関投資家には機関投資家独自のモノの見方や考え方があります。過去の面談で投資家の質問の意図がわからなかった部分，意見の真意がわからなかった部分があれば，IR部門に尋ねるとよいと思われます。日頃から投資家に接しているIR部門であれば，ヒントを持っている可能性が高いためです。

また，IR部門の担当者は次のことに留意すべきです。

「投資家が厳しい意見をいうのは会社のため」ということについて，経営者は頭では理解していても腹落ちしていない場合が時折あります。経営者の性格も相まって「なぜ，こんな投資家に会わせた」と叱責されることもあるでしょう。

人は耳の痛い話を聞きたくないものです。しかし，忖度してご機嫌を取る投資家たちを集めても経営の改善は望むべくもありません。

IR担当部門には，その投資家を会わせようと思った理由があるはずです。それは投資家の熱意であったり，洞察の深さであったり，長年の株式保有であったりするでしょう。そういった「理由」をベースに，経営者が頑なにならずに対話できるよう，促してください。

自社の経営者に対して働きかけるのは容易ではないでしょうが，IR部門の担当者の働きかけが建設的な対話に不可欠であることを肝に銘じてください。

対話は，お互いへの基本的な信頼関係があってこそ成立します。面談前の準備として，経営者の「意識の持ち方」が重要です。

2 │ 面談本番の留意点

以下では，実際の面談で留意が必要な点についてお伝えします。

---

(1) 面談の初めに
(2) 自己紹介
(3) 「投資対象としての自社の魅力」の説明
(4) やってしまいがちな「NG対話」と目指すべき「インタラクティブな対話」
(5) 「資本効率」を重視

---

(6)　中長期視点の投資家にとって短期業績は「バックキャストの一地点」
(7)　海外投資家との対話で留意すべきこと
(8)　フェアディスクロージャーの厳守

(1)　面談の初めに

　まずは御礼を言いましょう。投資家の時間は限られています。日本に4,000社弱の上場企業がある中で貴社に興味を持ってくれたこと，面談の時間を取ってくれたことに対して感謝の意を伝えましょう。また，面談相手が株主だとわかっている場合には，「当社株式を保有してくださってありがとうございます」あるいは「当社をサポートしてくださってありがとうございます」等と伝えるとよいでしょう。貴社が株主を認識し重視していることのアピールになります。

　株式保有状況が不明な場合には「保有の有無」について尋ねてもよいのですが，面談の「開始時ではなく終了前」に尋ねることをお勧めします。

　もちろん気にしない投資家もいますが，相手によっては「保有していないと，『おざなり』な対応をされるかもしれない」と危惧する可能性があるためです。

(2)　自己紹介

　初対面の投資家との面談では自己紹介をしましょう。この場合，「初対面」というのは「社内の他の人が会ったことがあるが，自分が会うのは初めて」等の場合も含みます。

　自己紹介の内容については，すでに第5章7(2)①（79頁）に記載していますが，皆さんが経営者であれば「自身の経営者としての資質」，「起業の想い」をお話しするとよいでしょう。経営企画やIRの担当者であれば「経営の代弁者としての資質を持っており，対話相手として信頼できること」をアピールしてください。

　前述のとおり，経営者であれば5分以内，担当者であれば2分以内を目標にするとよいと思います。長々と一方的に話さないようにしましょう。さらに聞きたいようであれば，投資家側から深掘りのための質問が出てきます。

　自己紹介をした後には投資家側の投資方針について説明をお願いし，確認するとよいでしょう。

⑶ 「投資対象としての自社の魅力」の説明

　これについても第5章7⑵②（80頁）に記載しています。投資家によって面談の進め方の好みがあります。

　初対面の投資家は大きくは下記に分類されます。

①　最初にプレゼンテーションを聞きたい投資家

　最初に企業側の説明を聞きたいと考える投資家には，「初めての投資家向け資料」をベースに10～20分程度の説明を実施します。この説明を通して，「自社が魅力的な投資対象であり，投資を検討すべき」というメッセージを強く打ち出しましょう。

②　質疑応答から始めたい投資家

　初対面であるにもかかわらず「質疑応答から始めたい」と考える投資家もいます。事前に渡された資料は読み込んできており，一般的に「1時間」と定められた限られた時間の中で，より多くの情報を得たいと考えているためです。その場合は，次のように提案してはいかがでしょうか。

　「では基本的に質疑応答にさせていただきますが，最初に5分間だけ時間をください。貴社の投資対象として検討していただくにふさわしいと思う理由，弊社の魅力について簡単にお伝えします」

　この場合は，ポイントを絞りメリハリをつけた説明を行うことを普段以上に意識し，「投資家をイラつかせず」スムーズに進行することが求められます。

　2度目以降の面談となる投資家の場合には，本章1⑶に記載のとおり，前回の面談で投資家が興味を持っていたこと，懸念を感じていたことを冒頭に取り上げ，自社からのメッセージを伝えるとよいでしょう。

　伝え方の例としては，すでにご紹介のとおり，以下のような話し方が考えられます。

　「前回，あなたから『利益率の低下が課題だ』というお話がありました。そ

の点につき，新たな取組みがあるのでお話しさせてください」

⑷　やってしまいがちな「NG対話」と目指すべき「インタラクティブな対話」

本書の「はじめに」に記載した「ありがちな誤解10項目！」の中の１つ目に「株主との面談では，時間いっぱい，丁寧に自社について説明している」と記載しました。

筆者自身がIRを管掌したての頃はそうでしたし，さまざまな企業の経営者やIR担当部門の面談に同席していると，この「時間いっぱい説明しまくる」形式が多いように思われます。

投資家との面談における対応には以下の３段階があります。①も②もNGで，③が「あるべき姿」です。

---

①　投資家からの質問に，ピンポイントで回答する（NG）
②　質問に回答しながら，時間いっぱい一方的に説明する（NG）
③　**投資家の意見や感想を聞きながらインタラクティブ（双方向的）に対話する**（GOOD）

---

①　投資家からの質問に，ピンポイントで回答する（NG）

投資家との面談を始める際，初期段階でやってしまいがちな対応です。

投資対象の調査を始めて間もない投資家の場合，企業の全体像をまだ捉え切れていない場合があります。質問には本質的で重要な点が含まれると同時に，枝葉末節的な点が含まれることが往々にしてあります。このような枝葉末節的な質問は投資家側の根本的な理解不足から発生していることが多いといえます。

そうした質問に対して企業側が軽重判断せず，一問一答形式でフラットに回答してしまうと，投資家の誤解を解くことができません。

その状況は，複数の人が目を閉じたまま象を触る状況に似ています。鼻を触った人は「これは細長い蛇のような生き物だ」と感じるでしょうし，足を触った人は「大きな木の幹のような生き物だ」と感じるでしょう。胴体を触った人は「壁のような生き物だ」と感じるでしょう。どれも正しくありません。

誤った基本認識のまま方向を修正しないでいると，「誤解がさらに深まって」面談が終わってしまいます。

質問が枝葉末節的なものであったり，理解の方向性が異なると感じた際には，その旨と「なぜそうなのか」を相手に伝えて議論します。自社事業の全体像を俯瞰的に見てもらえるように誘導しましょう。

② 質問に回答しながら，時間いっぱい一方的に説明する（NG）

投資家との面談に慣れてきた頃に陥りやすいのが，このタイプです。

投資家の質問に対して長々と回答する，相手の問いにストレートに答えず自身が伝えたいことを話し続ける，結局1時間の面談時間内に投資家は1～2問しか質問できなかった，というようなケースもあり，一方的な説明になってしまいがちです。

ある経営者が海外ロードショーを終えて帰国した後に「毎回，同じことを説明して，自分が壊れたテープレコーダーになったような気分だ」といっていましたが，インタラクティブな対話ができていれば，「毎回同じ説明」にはならないはずなのです。

上場企業側の回答に対して投資家が意見を述べ，追加質問をして掘り下げることで，相互性が生まれます。同じ説明を繰り返すのではなく，相手の理解や疑問に応じた説明を行うことが重要です。

③ 投資家の意見や感想を聞きながらインタラクティブ（双方向的）に対話する（GOOD）

面談が一方的なものにならないようにする試みの1つが，「質問返しをする」ことです。投資家は上場企業以上に，属する業界のことや競合他社を深く理解している場合があります。質問に回答した後，「この件，○○様はどうお考えですか？」と聞くとよいでしょう。質問されると，投資家は持論を語り出すことがあります。もちろん，その持論に誤解が含まれている場合もあります。誤解を解きほぐしたうえで企業側の考えを説明することで，相手の腹落ち感はぐっと増すはずです。

また，投資家の持論が正しく，気づきが得られる場合もあります。そのよう

な投資家の意見・要望は貴重なので，社内にフィードバックして役立てます。

　なお，別のケースとして，投資家が「大きな懸念」を頭の中に描いているにもかかわらず，それをストレートに質問せずに複数の異なる質問を発することがあります。

　例を挙げてみましょう。

「貴社のＡ事業とＢ事業の利益率はそれぞれ何％ですか？」

「Ａ事業とＢ事業の過去数年の成長率はどれくらいですか？　また，今後の想定成長率はどれくらいですか？」

「現在のＡ事業とＢ事業の利益規模はそれぞれどのくらいですか？」

　このような質問をしてくる投資家は，

　　☑　この企業のＢ事業の利益率がＡ事業と比較するとかなり低いこと

　　☑　Ｂ事業の成長率がＡ事業よりも大きいこと

により「全社の利益率が今後，大きく低下するのではないか？」と懸念している可能性があります。

　その場合には「もしかすると，今後の全社営業利益率が低下するかもしれないというご懸念をお持ちで，ご質問の意図はその確認にありますか？」とストレートに相手の意図を聞き返すことも有効です。

　企業側が投資家の懸念に切り込むことで，その後の対話がより深いものとなっていきます。

　その他にも，「インタラクティブな面談」にするために筆者自身が使っていた文言を挙げてみます。

- （初めての投資家に）その投資家がなぜ自社に興味を持ったのかを聞いてみる
- 自社の「強み」，「課題」を投資家がどう捉えているかを聞いてみる
- 「新たな試みや戦略」を伝えた後，相手の考えを聞いてみる
- （海外投資家に）投資家の母国における自社産業との共通点・相違点について聞いてみる
- （株式未保有の相手に）保有していない理由を聞いてみる。何が変われば保有したいと思うのかを聞いてみる
- 面談の終了前に，その日のディスカッションを通じて投資家が受けた印象・感想を聞いてみる（その場合には，面談冒頭に「ご感想をお聞きしたいので，最

後にお時間を10分ください」と伝えるとよいでしょう）

(5)　「資本効率」を重視

　第2章の図表2-2（25頁）に記載したとおり，投資家が「経営目標として重視すべき指標」として挙げた上位の指標は，上から順に，ROE，ROIC，利益額・利益の伸び率，資本コストでした。

　投資家（特に中長期視点の投資家）は「資本コストを意識した効率的な経営」を求めています[4]。面談の際に「ROEの低下」や「営業利益率の低下」，「現預金の額」についての言及が多い理由は，その「効率性」へのこだわりがあるためです。

　投資家とのディスカッションの際には「いくら稼いで，いくら使って（投資・M&A），いくら溜まって（内部留保），いくら還す（株主還元）のか」を伝え，自社の資本コストを念頭に置いたうえで「効率性」を意識して話しましょう。

(6)　中長期視点の投資家にとって，短期業績は「バックキャストの一地点」

　「中長期視点の投資家は短期業績をあまり気にしないはずだ」と考えている企業経営者や担当者は意外と多くいます。

　しかし，それは大間違いです。中長期視点の投資家にとって，短期業績は「足元」の業績ではなく「将来からバックキャストした一地点」の業績です。

　バックキャストした一地点がすでにずれているのであれば，将来の到達点も異なってしまっているはずです。将来の成長性に関係があるのなら，気にならないわけがありません。

　たとえば，ある四半期の業績が悪かったとしましょう。

　「たまたまイレギュラーな事態が発生して一時的に業績が悪化した。将来の成長性に変化はない」と判断するのであれば，中長期視点の投資家はそれほど

4　「資本コストを意識した経営」については，『事業ポートフォリオマネジメント入門』（松田千恵子・神崎清志著，中央経済社）が参考になりますので，ご興味をお持ちの方はご参照ください。

懸念を持たないかもしれません。

　一方，「成長戦略に基づいた施策が思ったとおりに機能せず，足元の業績が悪化した。戦略・施策の見直しが必要だし，将来的にも想定していた成長性を達成できない可能性が高い」ということであれば，中長期視点の投資家も大きな懸念を持ちます。つまり，「本当に一時的なのか？」という点が重要になります。

　投資家は，「もしかしたら自分が見落としていることがあるかもしれない」，「投資を実行した時から状況が変化しているのかもしれない」という懸念を持つと，その四半期業績の悪化の理由を細かく確認しようとします。会社側の説明が明確でなければ，より一層，重箱の隅をつつく形の確認が始まります。

　「中長期視点の投資家なのに，随分細かい足元のことを聞いてくる」と感じる時には，「将来の成長を実現するために重大な課題が生じている」との懸念を抱いています。丁寧かつ誠実な対話と明確な説明を行うよう留意すべきです。

⑺　海外投資家との対話で留意すべきこと

　第5章で，海外投資家対応のための準備事項について説明しました。繰返しになりますが，留意点を再掲します。

- ☑　「初めての投資家用プレゼンテーション資料」の活用
- ☑　「海外投資家との認識ギャップを埋めるための資料」の活用
- ☑　「マクロ視点（大枠）からミクロ視点（詳細）へ」のアプローチと「ストーリー性」を持つ「大枠」での説明
- ☑　可能な範囲での英語による説明（ただし，相手をイラつかせないように）

　上記の準備ができていれば，海外投資家との面談はかなり効果的に進みますが，追加事項として実際の面談において筆者が意識してきたポイントを挙げます。日本の機関投資家との面談でも活用できる事項も含まれますが，特に海外投資家対応において必要性を強く感じたポイントです。

- ①　「結論から先に，明解に」
- ②　相手のペースに引きずられない
- ③　質問の意図が不明確なときには「近そうなことを話してみる」

④　口を挟むためには「相手の呼吸を読む」
⑤　海外投資家が使う単語を使ってみる
⑥　「スモールミーティング」対応時の留意点

①　「結論から先に，明解に」

　投資家にとって上場企業との面談は，最大限効率的・効果的に行うべきものです。通常１時間で設定される面談時間は，通訳が入ると実質30分です。大きな資金を投資するか否かを判断するためには，決して長い時間ではありません。質問に対しては，ストレートで明解な回答が求められます。また，結論を最後にいう日本語と異なり，英語は結論を先にいう言語です。

　質問に対する回答が回りくどかったり，結論が最後までわからなかったり，的を射た回答になっていなかったりすると投資家はイライラします。常に「結論から先に，明解に」を意識して話すようにしましょう。

②　相手のペースに引きずられない

　海外投資家の中には，アグレッシブで強めの話し方を戦略的に選ぶ方がいます（ナチュラルにアグレッシブな方もいらっしゃいますが）。外国人とのディスカッションに慣れていないと圧倒されがちです。

　特に，非開示の情報についての質問が続いた場合や「うまく答えられていないな」と自分で思う質疑応答が続いた場合等は，本来感じなくてよい「相手に対する負い目」を感じてしまうことがあります。

　「負い目」を感じると相手のペースに引きずられ，言うべきことを言えなかったり，逆に余計なことを言ってしまったりしかねません。

　そのようなときには，気持ちを入れ替える自分なりの対処方法を持っておくとよいでしょう。

　筆者自身もいくつか「気持ちを立て直すルーティーン」を持っています。

　筆者の場合，「うまく答えられていない」と思う時には，上半身が前のめりになっています。そのような自分に気づいた時には，一度深呼吸をして背中を椅子の背もたれに付けるようにしています。相手との距離を広げ，いつの間にか狭くなっていた視野を広く持つことで，自分のペースを取り戻しています。

皆さんも「自身の対処方法」をいくつか持っておきましょう。

③　質問の意図が不明確なときには「近そうなことを話してみる」

第5章でお伝えしたとおり，私たちの常識が海外投資家にとっての常識であるとは限りません。

同じテーマについて話しているつもりでも，見えている景色が異なる場合が多くあります。投資家に質問され，「一体何を聞かれているかわからない」というときは，まずは遠慮せずに聞き直して，もう一度質問を繰り返してもらいましょう。言葉を変えて質問し直してもらうことで，何を聞かれているかがわかる場合があります。

一方，再度質問を繰り返してもらっても，やはり「何を聞かれているかわからない」ことが，筆者にも頻繁にありました。その場合に考え込むのは時間の無駄です。

「日本の事業環境と異なるため，この部分がわからないのかもしれない」，「背景を誤解していて，このことを聞きたいのかもしれない」と当たりをつけ，取り急ぎ簡単に「近そうなこと」を説明してみましょう。

そのうえで「これであなたの質問への回答になっているでしょうか？」と聞いてみます。

そうすると，投資家は多くの場合，「Sort of（まあね）」とか「I think so（多分答えてくれていると思う）」といいます。その回答で満足することもありますし，その説明で足りなければ，別の角度から再度質問を試みるでしょう。ここから対話のキャッチボールが始まります。

最初の「当たりをつけた回答」は，たとえ相手の意図にど真ん中の回答でなかったとしても無駄ではなく，お互いの認識のすり合わせにつながります。対話の深化のためには，沈黙よりもずっと効果があるはずです。

④　口を挟むためには「相手の呼吸を読む」

戦略的に（あるいはナチュラルに）アグレッシブな海外投資家の中には，大きな声で話し続ける方もいます。日本人は「相手が話している時に話を遮るべきではない」という教育を受けているため，話すきっかけを失うことがあるで

しょう。

　チームメンバーにメインスピーカーを担わせた際に，面談相手が「話し続ける投資家」だったことがありました。投資家の根本的な理解が誤っていたため，一刻も早くその誤解を解きロジックを正す必要があるものの，メインスピーカーは割り込む隙を見つけることができずにいました。その場については筆者が引き取って対応し，面談後にメンバーに伝えました。

　「相手の呼吸を読む」

　チームメンバーがキョトンとしていたので，続けました。

　「どんなに大きな声で話し続ける人も，必ずどこかで息を吸います。話している相手の顔を見ながら，その『息を吸うタイミング』を見極め，すっと割り込みましょう。

　相手が息を吸った瞬間に，『素晴らしい洞察をありがとうございます。多くの気づきをいただきましたが，1つ前提となっている○○について，状況をご説明したいと思います。』といえば，相手も『いったん聞いてみよう』という気持ちになり，話し続けることをやめます。」

　皆さんも，アグレッシブな投資家が面談相手の時には，試してみてください。

⑤　海外投資家が使う単語を使ってみる

　心理学において「ミラーリング」という言葉があります。鏡に映っているかのように相手と同じ行動を取る，あるいは同じ発言をすることで親近感を抱かせるという「同調効果」を意味します。

　投資家は，時に独特な言葉や言い回しを使いますので，その言葉を使うと「同じ株式市場の住人」という印象を与えることができます。

　筆者は海外投資家と話す際に，意識して「投資家がよく使う単語」を使うようにしています。

---

cutting edge services / edgy services＝先進的なサービス
organic growth＝M&A等を含まない本質的な成長
cash cow＝金のなる木。転じて，成長率は大きくないが着実にキャッシュを生み出す事業
leveraging＝テコにして（何かを効果的に使うことで何倍もの成果をあげること）

> low hanging fruits＝比較的容易に達成できること，すぐにマネタイズすること
> 　が可能な施策等

　通訳を介してお話しする方でも，日本語のコメントの中にカタカナでこういった単語を入れて話せば，相手に伝わります。海外投資家の英語のヒアリングに努めつつ，自社の業界やこれまでの対話でよく使われた単語をぜひピックアップしてみてください。

⑥　「スモールミーティング」対応時の留意点

　証券会社のカンファレンス等に参加すると，時価総額が大きい企業の皆さんは「スモールミーティング」と呼ばれる面談に対応することがあります。

　スモールミーティングとは，上場企業の個別ミーティングに複数社の投資家が参加する会議を指します。筆者が経験したスモールミーティングは，通常3〜6社程度の投資家が参加するものでした。

　日本在住の投資家であれば，1対1の面談を調整することが比較的容易です。しかし，海外投資家の場合には，日本で面談する場合には投資家の，海外で面談する場合には上場企業の滞在時間が限られているため，複数社との同時面談が必要となることがあります。

　スモールミーティングが1対1の面談と同じだと思ってはいけない，ということをまずは理解してください。その理由は以下のとおりです。

理由1：参加者の「目的」がそれぞれ異なる

　既存株主は事業を熟知しており，事業状況のアップデートをしたいと考えている場合が多いはずです。

　一方，新規投資家は「どのような会社か，まずは見てみよう」と思っていることが多いようです。中には，「1対1の面談だとしっかり予習して臨む必要があるが，そこまで興味を持つ段階ではない」という投資家も含まれています。

理由2：参加者の自社事業への「理解度」が異なる

　既存株主は事業を熟知していますが，新規投資家は事業についての理解が大変浅い場合があります。

理由３：スモールミーティングに参加している投資家はライバル同士

　お互いの質問・発言を参考にしつつ，重要なポイントは隠すこともあります。

　たとえば，アクティブ運用投資家にとって，自分が運営するファンドがベンチマーク（TOPIX等）に比べてアウトパフォーム（一定期間の収益率が上回る）するか，アンダーパフォーム（一定期間の収益率が下回る）するかは重要です。アクティブ運用投資家同士はゼロサムゲームを行っているといってもよいため，ライバル同士となります。

　投資家の質問は，時にその投資家が「何を基準に投資判断をしているか」というネタバレとなりますし，他の投資家にとっては参考にもなります。

　そのため，スモールミーティングでは最重要な質問はしない投資家もいます。

　これは，決算説明会等において質問するのは証券会社のアナリスト（セルサイド・アナリスト）が中心で，投資家（バイサイド・アナリスト，ファンドマネジャー）からの質問が少ない理由の１つでもあります。

　参加者の事情は上記のとおりですが，スモールミーティングは企業にとって「既存株主とのコミュニケーションの場」であるとともに，「新規投資家に自社の魅力を伝え株式を保有してもらうための絶好の機会」でもあります。そのため，以下のことに留意することが必要です。

☑　**既存株主からの質問に回答する際には，必ず「質問の背景の補足を」**

　既存株主は事業を熟知しているため，基本的な事項ではなく，自分の知識に基づいた，深い質問をしてくることが多くあります。

　その質問で投資家が具体的に何を聞きたいのか，皆さんにはわかるでしょうが，新規投資家にはわからない場合があります。

　なぜ，その投資家がそんな質問をするのか，質問の背景について丁寧に補足し，そのうえで回答してください。「面談に参加している人を，誰も取り残さない」という意識で臨むとよいでしょう。

☑　**投資家全員の顔を見ながら説明する**

　既存投資家からの質問が多いと，ついその投資家の顔を見ながら回答し，「１対１の会話」になりがちです。

　参加者全員の顔を順番に見ながら話す意識を持ってください。

　皆さんが配慮していることは必ず相手に伝わりますし，新規投資家の「話を聞こうとする意欲」が大きく高まるはずです。

⑻　フェアディスクロージャーの厳守

　2017年5月に成立した金融商品取引法改正により，日本でも2018年4月に「フェアディスクロージャー・ルール」が施行されました。

　このルールは，株価に影響を及ぼしうる重要な情報を，上場企業等が公表前に特定の第三者に提供することを原則として禁じるルールです。

　施行前には「投資家との個別面談を持つことはNGなのでは？」等の怪情報も生まれましたが，そもそもの目的が「情報開示の適時性・公平性の確保」，「ルールの整備・明確化による対話の促進」，「中長期視点の投資の促進」にあることを含め，現在ではおおむね正しく理解されています。

　このルールに対する理解は広がったものの，実際の運用，特に足元の業績に関する言及については，現在でも上場企業各社で異なる場合があるように感じられます。

　たとえば，皆さんは，投資家から「決算発表日以降の業績の進捗」について聞かれたときに，どのように答えていますか？

　筆者は通常，次のような回答をすることをお勧めしています。

> 　「足元の業績についてはフェアディスクロージャーの観点から申し上げられません。」
> 　「「公表見通し」と大きな乖離が生じた場合には適時開示が必要になりますが，現時点ではそういう状況ではありません。」
> 　「前回の決算発表（○月○日）までの状況を詳しくご説明します。」

　「せっかく訪問してくれたのだから，直近の状況を説明したい」と思う方がいらっしゃるようであれば，そういうお土産は不要だとご理解ください。

　第1章で，短期視点の投資家には空売り手法をとる投資家がいることをお伝えしました。

　たとえば「足元，中々苦しい状況なのです」といってしまうと，その「早耳情報」を使って，空売りされるリスクが生じます。

　「足元が好調」な場合でも，「早耳情報」は厳禁です。投資家の視点から見る

と，足元状況をペラペラ話す企業は「いつ，誰に，何を話しているかわからない企業」ということになります。自分が知らない情報が，いつの間にか株式市場に伝わってしまっているとなれば，中長期視点の投資家が安心して保有できなくなります。

本書の「はじめに」でお伝えしたとおり，ある企業においては１年間で空売り残高が半分以下に減少しました。

その理由は，足元業績を聞かれた際に，このコメントを伝え続けたことにあると考えています。半年ほど伝え続けると，徐々に足元の業績を聞かれなくなりました。また，足元業績を中心に質問していた短期視点の投資家からの面談依頼が減りました。

短期視点の空売り投資家が減ることにより，中長期視点の投資家が安心して株式を保有することができるようになり，企業側も中長期を俯瞰した経営ができるようになります。

3 面談後にやっておくべきこと

以下では，実際の面談実施後に実行しておくべき事項について解説します。

(1) 反省会を実施する
(2) 適切なフォローアップを行う
(3) 定期的な「御用聞き」をする
(4) 社内向けフィードバック資料を作成する
(5) 社内各部署にフィードバックを伝える
(6) 取締役会に報告する

(1) 反省会を実施する

面談が終了してホッとしているところでしょうが，このタイミングで必ず実施しておきたいのが，反省会です。

面談には最低２人（スピーカーと議事録担当）が出席しているはずです。同席者全員で認識のすり合わせを10分程度実施しましょう。

すり合わせすべきなのは，主に以下の点です。

> ☑ 話がかみ合っていなかった点はないか（投資家の疑問に的確に回答していたか）？
> ☑ 相手に「誤解」が残っていないか？
> ☑ 説明不足の点がなかったか？
> ☑ 新たな「常識・認識ギャップ」等，今後の面談に活かせる気づきはなかったか？
> ☑ その他，今後の改善に活かせることができるポイントはなかったか？

　反省会の実効性を高めるためには，忌憚なくディスカッションできる関係性が求められます。

　スピーカーが経営トップだったり上司だったりすると，指摘しづらいことがあるかもしれません。しかしながら，スピーカーは投資家と対話することで精一杯です。自身を俯瞰する余裕は，通常ありません。同席者が的確な指摘をしないと，改善の芽が摘まれてしまうのです。

　日頃からの「自由闊達に話せる雰囲気の醸成」が重要となります。

(2)　適切なフォローアップを行う
〜質とスピードに配慮する〜

　反省会を実施した後に，適切に回答できなかったことや説明が不足していた点があれば，メールや電話によるフォローアップを実施します。

　投資家から追加質問が来る場合もあります。質問への対応は，質・スピードの両面に配慮しましょう。

> ☑ メールに気づいたらすぐに返信を（24時間以内）
> ☑ すぐに回答できない場合には「回答まで○○日程度お待ちください」と伝える
> ☑ すでに準備されている資料等の提示で済む場合にはメールで対応
> ☑ 資料送付だけでは説明が不足する場合には，電話する旨を返信する

　ここで筆者が電話をお勧めする理由は2点あります。
① 　メールのやり取りは「証拠として残る」ことを上場企業側が意識するために，文面の作成や確認に時間がかかり非効率な場合が多いこと。
② 　メールのやり取りでは質問・回答ともに「裏に隠された意図やニュアンス」が伝わらず，コミュニケーションギャップが生じ，余計なコミュニケー

ションコストがかかる可能性があること。

海外投資家の場合には時差があるため，夜中や早朝に電話しなければならず対応者の負担が発生します。それでも，直接口頭で対話して相手の質問の意図を聞きながら回答する方法に勝るものはないと，筆者は考えています。そして，このような質・スピードを担保したレスポンスを行う企業が，投資家の信頼を獲得するといえます。

もちろん，電話での連絡を嫌がる投資家もいますので，「電話での連絡は不要」といわれた際には，その旨を投資家リストに付記してください。コミュニケーションを要する案件が発生した際には，「電話で話したい」旨のメールを送り返信を待つ等，フレキシブルに対応します。

(3) 定期的な「御用聞き」をする
～定期的な面談依頼や必要時の連絡を忘れない～

既存株主と新規投資家（企業側で「建設的な対話相手」になってもらいたい投資家）については，プロアクティブに連絡しましょう。

上場企業は過去に面談した投資家のリストを作成しているはずです。

- ☑ 万一，連絡先を知らない投資家がいれば，必ずメールアドレスと電話番号情報をもらいましょう
  - ➡常に投資家リストをアップデートし，いつでも活用できるようにします

- ☑ 四半期ごとに「事業進捗についてディスカッションしたいので面談の時間をいただきたい」と連絡しましょう
  - ➡「定期コンタクトすべき投資家」にマークを付けておきます
  - ➡「半期に一度で良い」，「今は興味ない」等の返信がある場合には，御礼を言って引き下がりましょう（うるさがられない程度にコンタクトを続けましょう）

- ☑ 特別に説明が必要な事案（M&A，業績予想修正，事件等）が発生し「適時開示」を行った際には，必要な相手に電話等で連絡しましょう
  - ➡「定期コンタクトすべき投資家」に含まれる既存株主を中心に抽出するとよいでしょう

　➡重大な影響をもたらす案件を公表した際には，重要な株主に対しては，
　　経営者自らが電話で説明することも検討します

⑷　社内向けフィードバック資料を作成する
～投資家の意見をフラットに伝えられる雰囲気を作る～

　決算発表や適時開示を行った際に，株主や投資家との対話が発生します。

　この対話の内容をまとめた「社内向けフィードバック資料」を作成すること
を強くお勧めします。

　筆者がお勧めする主なコンテンツを以下に示します。他にも自社内で活用で
きる有用な情報があれば加えます。

四半期ごとのフィードバック資料
☑　株主構成（所有者属性別株式分布，大株主リスト，大量保有報告書の有無等）
☑　株価推移（TOPIX・競合との比較グラフ，自社・競合の決算発表日を明記）
☑　株式市場全体，業界における主要ニュース
☑　IR面談件数とカテゴリ別内訳
☑　自社決算発表のポイント
☑　投資家・アナリストからの質問・コメント（投資家・アナリストの社名とカテゴリを明記）
適時開示案件に関するフィードバック資料
☑　株価推移（TOPIX・競合との比較グラフ，案件公表日を明記）
☑　投資家・アナリストとの面談・電話件数
☑　追加質問で多く聞かれた点
☑　投資家・アナリストからのコメント（投資家・アナリストの社名とカテゴリを明記）

　「投資家からのコメント」については，「中長期／短期視点」等の投資家カテ
ゴリを記載したうえで，「中長期視点の投資家」に重点を置きながら詳細に記
載するとよいでしょう。

　筆者が作成していた際には，投資家からのコメントがかなり多かったため，
四半期ごとのフィードバック資料に関しては，以下のようなページを作成した
うえで「ポジティブ・コメント」，「ネガティブ・コメント」に分けて記載して
いました。

- 全社／経営
- 財務
- 事業A，B，C
- 株主還元
- その他

ここで大切なのが「ネガティブ・コメント」の扱いです。

筆者がIRを管掌していたある会社では，経営者がネガティブ・コメントを積極的に受け入れて活用しようという気運がありました。筆者のフィードバック資料にネガティブ・コメントを記載し口頭で説明したときも，経営者を含め社内には不快感を表す人がいなかったため，筆者もなるべくフラットに株式市場の反応を伝えようと腐心していました。

ネガティブ・コメントについては，以下に留意する必要があります。

経営者の方

IR部門の担当者が投資家のネガティブ・コメントを報告してきたとき，それが，その担当者の個人的見解であると錯覚して不快な顔をしてしまうことはありませんか？

厳しいコメントを聞くと，どうしても拒否する気持ちが先に生まれがちです。しかしながら，その気持ちをIR部門にぶつけてしまうと，徐々にネガティブ・コメントを隠すようになってしまいます。

ポジティブ・コメントだらけのフィードバック資料は，ほとんど役に立ちません。社外の厳しい声が含まれているからこそ，フィードバック資料が「経営の糧」になるのです。

経営者の方がネガティブ・コメントを受け入れる姿勢を常にIR部門に伝え，実際に受け取った際にも感情のコントロールをすることが重要です。そして，可能であれば苦言をあえて伝えてくれるIR部門に感謝の気持ちを伝えてください。

IR部門の方

株式市場の反応をフラットに伝えるよう努めてください。

この日常の報告が正しく機能していなければ，経営者が実際に投資家と面談する際に，最初からボタンの掛け違いが発生します。フィードバック資料は非常に重要な役割を担っているのです。

⑸　社内各部署にフィードバックを伝える

　フィードバック資料は経営とIRに役立ちますが，それだけではありません。

　事業に関するコメントが含まれているのであれば事業部門において参考にすることができ，財務に関するコメントは財務部門の業務推進に直接役立ちます。

　決算発表を行うためには，社内各部署の協力が必要です。しかしながら，通常は各部署は経営者やIR部門が株式市場とどのような対話をしているのか，知る機会がありません。そのため，決算発表前にIR部門から「この指標がほしい」，「この見通しを教えてほしい」といわれたときに，なぜその情報が必要なのか，ピンと来ていないことが多くあります。

　通常業務で忙殺されている中，使い道もよくわからない情報を急に求められると，当然ながら困惑し，迷惑だと感じます。事業の改善と成長のために使われるべき指標を「IR部門に言われたからIR活動で使うために取りまとめる」という誤った捉え方をしかねません。

　そのようなことが起きないよう，株式市場からのフィードバックは社内各部署にも届けるようにします。

　ただし，資料だけ渡しても実態が伝わりづらいかもしれません。30分でもよいので，自由参加型の説明会を開催できると効果が高まります。各部署からの質問に回答しながら，相互理解を深めることが，「株式市場との対話」改善につながります。

　なお，社内各部署による理解を深めるために，筆者は投資家フィードバックの共有のみならず，株式市場の基礎知識の普及を目的とした「社内IR」という活動を行っていました。第7章に詳細を記載していますので，ぜひ試してみてください。

⑹　取締役会に報告する

　社内フィードバックを経営者や社内各部署と共有すると同時に行うべきことは，社外役員を含む取締役会メンバーに報告することです。

　なぜ，取締役会への報告が必要なのでしょうか？

　コーポレートガバナンス・コードの基本原則5−1①には以下の記載があり

ます。

> 「株主との実際の対話（面談）の対応者については，株主の希望と面談の主な関心事項も踏まえた上で，合理的な範囲で，経営陣幹部，<u>社外取締役を含む取締役または監査役</u>が面談に臨むことを基本とすべきである。」（下線は筆者による）

また，経済産業省による「社外取締役の在り方に関する実務指針」には，以下の記載があります。

> 「社外取締役は，投資家との対話を通じ，投資家が会社の状況をどのように見ているかという資本市場の視点を把握するとともに，投資家の意見に耳を傾け，会社の持続的な成長と中長期的な企業価値の向上に有用となり得るものは，取締役会での議論に反映させる役割を担っており，いわば投資家との窓口（インターフェイス）になることも期待されている」

つまり，執行に携わる取締役のみならず，社外取締役も株主と対話すべきと書かれています。

では，どれくらいの社外取締役が株主と実際に対話しているでしょうか？

図表 6 - 2 は経済産業省が2019年11月から2020年 1 月にかけて，東証一部・二部上場企業の全社外取締役を対象に実施したアンケート調査の結果です。

調査時点で 1 割の社外取締役が，株主・機関投資家との対話を行っていると回答しています。

対話を行ったことがない社外取締役が 9 割を占めますが，76％は「求められれば対話を行ってもよい」と回答しています。「必要性を感じない」という社外取締役は約14％に留まりました。

一方で，上場企業側から見た場合にはどうでしょう（**図表 6 - 3** ）？

「株主総会以外で対話の機会を作っている」と回答した企業は約 8 ％でした。これに「株主総会の場で社外取締役からの説明の機会を作っている」，「求められれば機会を作ってもよい」と考える企業を合わせると 7 割になります。

このアンケートが実施されたのは2019年から2020年にかけてですので，現状ではもっと高い割合の企業が対話を行っており，また「機会を作ってもよい」と考えているかもしれません。

今後，株主・機関投資家からの社外取締役との対話についての要請はますま

図表6-2　社外取締役と株主・機関投資家との対話（社外取締役側の回答）

- 現在，株主・機関投資家との対話を行っている社外取締役は10％。個別の対話に限ると6％。
- 株主・機関投資家との対話について，「対話を行う必要性を感じない」との回答は14％にとどまり，社外取締役側の大半は「求められれば行ってもよい」と積極的であることが確認された。

（社外取締役向け）問32. 当該企業において，貴方は社外取締役として株主・機関投資家との対話を行っていますか。最も当てはまる選択肢をお選びください。（1つ選択）

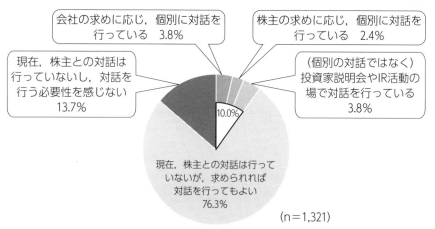

会社の求めに応じ，個別に対話を行っている　3.8％

株主の求めに応じ，個別に対話を行っている　2.4％

現在，株主との対話は行っていないし，対話を行う必要性を感じない　13.7％

（個別の対話ではなく）投資家説明会やIR活動の場で対話を行っている　3.8％

10.0％

現在，株主との対話は行っていないが，求められれば対話を行ってもよい　76.3％

（n＝1,321）

（出所）経済産業省　第17回CGS研究会「社外取締役の現状について（アンケート調査の結果概要）（2020年5月13日）」
https://www.meti.go.jp/shingikai/economy/cgs_kenkyukai/pdf/2_017_04_00.pdf

す増えることでしょう。そのときのために，自社において，対応方針や手続き，取締役会への情報共有や取締役間の意見交換等の準備を進めておいたほうがよいといえます。その準備の第一歩として日頃の株主・投資家との対話に関する情報共有が必要なのです。

　投資家フィードバックを社外役員を含む取締役・監査役と共有し，株主が挙げている課題について話し合ってもらいます。持続的な成長と中長期的な企業価値の向上に役立つはずです。

　また，企業によっては，証券会社のアナリスト（セルサイド・アナリスト）

114

図表6-3 社外取締役と株主・機関投資家との対話（企業側の回答）

- 社外取締役と株主・機関投資家との対話について，「対話を行う必要性を感じない」との回答は，社外取締役側が14％であるのに対し（**図表6-2参照**），企業側では29％に上っており，企業側の方が対話に消極的。
- 今後，対話の機会を持っても良いとの回答についても，社外取締役側では76％に上るが（**図表6-2参照**），企業側では56％にとどまっており，やはり企業側の方が消極的。

（企業向け）問27．社外取締役と株主・機関投資家との対話（エンゲージメント）について，最も当てはまる選択肢をお答えください。（複数選択可）

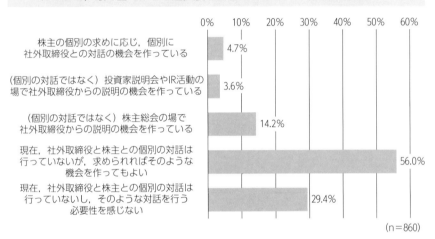

(n＝860)

（出所）経済産業省 第17回CGS研究会「社外取締役の現状について（アンケート調査の結果概要）（2020年5月13日）」
https://www.meti.go.jp/shingikai/economy/cgs_kenkyukai/pdf/2_017_04_00.pdf

が定期的にレポートを公開している場合もあると思います。そのレポートについても，取締役会メンバーと共有すれば株主・投資家の考えを社外役員に理解してもらうために役立ちます。取締役会と株式市場の対話はますます重要になってきます。企業それぞれの状況に応じて進めていく必要があります。

なお，取締役会と株式市場を結ぶIR担当者が自社のコーポレートガバナンスについて理解することはとても重要です。経営者の方は，自社のIR担当者をオブザーバーとして取締役会に出席させることを検討するとよいでしょう。

第7章

社内IRをやってみる

1 ここが変だよ，日本人の「上場」に対する印象
〜「上場は誇り」だけど「株式投資はギャンブル」？？〜

　自社が上場企業であることは知っていても，その意味を理解していない方，「株式市場の基本知識」をお持ちでない方が実は大勢いらっしゃると筆者は感じています。筆者自身が今まで関わってきた会社においても同様だったからです。

　株式市場との対話を実践し経営に活用する場合，経営者とコーポレート部門の一部の社員だけがその意味を理解し実行するのでは十分ではありません。全社員が株式市場の基本知識を身につけたうえで，自社の株式市場におけるポジションや株主の期待を理解して，経営者のリーダーシップのもと，高いモチベーションと正しい課題感を持ちつつ努力することで企業価値が最大化されます。

　株式市場への理解が不足しているのは，企業だけではなく日本社会全体にいえることです。

　筆者は以前から，株式市場に関する一般の方の反応が，時折ちぐはぐであることに違和感を持っていました。たとえば，

- 子どもが就職する企業が，「東証一部上場企業」，「プライム市場上場企業」であると安心する
- 株価が高い企業は信頼できると感じる
- 上場できるスタートアップ企業は凄いと感じる

一方で，

- 株式投資はギャンブルと同じであり，「株に手を出す」，つまり株式投資をする人は信用できないと感じる

　企業が上場することの意味，そして株式投資の意味がそもそも理解されていないため，印象がちぐはぐになってしまうのだと考えられます。

　2022年4月より，高等学校の家庭科で金融教育が必修化されました。その背景には，(1)諸外国に比べて劣る金融リテラシー，(2)成人年齢引下げに伴う金融トラブルの予見，(3)老後のための資産形成の推進があるといわれています。

　同年3月17日に金融庁が公表した「高校向け金融経済教育指導教材」の目次は以下のとおりです。

---

① 　家計管理とライフプランニング〜働いて「稼ぐ」ことと将来設計について
② 　「使う」
③ 　「備える」〜社会保険制度と民間保険
④ 　「貯める・増やす」〜資産形成
⑤ 　「借りる」
⑥ 　金融トラブル
⑦ 　まとめ

　金融教育の主な目的は「家計管理をしっかり行うことで経済的に自立し，より良い暮らしを送ることができる」ことにあります。大変重要なテーマですが，国民の投資活動を活発化させ，株式市場を活性化させて日本経済を立て直すためには，こうした「家計視点」だけでなく一般市民の株式市場リテラシーをもっと向上させる必要があります。

　残念ながら，現在はこうした教育を受けずに社会人になるケースが多いといえます。筆者自身も株式市場について学んだのは社会人になってからでした。

　このような状況下，上場企業の従業員でも，株式市場についての基本知識を持たないことは十分にありうることなのです。

　企業内でこのような従業員向け講座を行うことで，従業員が知識を身につけるとともに自身の業務との関連性も理解することができ，また「上場企業として株式市場と対話しながら成長を目指す」という取組みを全社一丸となって推進するための第一歩となりえます。

　期待される具体的な効果は次のとおりです。

- 社員の金融リテラシーが向上する
- 自社に対する株式市場からの期待を理解した結果，企業価値向上へのモチベーションが増大する
- バックボーンを理解した結果，IR部門に対するサポートが向上する
- 「株式市場からのフィードバック」の活用気運が生まれる
- IR部門に興味を持つ社員の増加，IR人材発掘の土壌が形成される

以下では，社内IR講座の進め方について解説します。

2 ┃「社内IR講座」ワークショップの実施
〜社員のモチベーション向上に活用〜

筆者は長年，ワークショップ「社内IR講座」を行ってきました。

以下は，筆者が上場企業複数社においてIRを管掌していた際に，社員向けに実施したワークショップです。

自社を題材に1時間半の双方向的な形式で実施し，受講者が自分の頭で考え，実際に手を動かして調べることで，理解を深められるように設計しました。

実施方法は以下のとおりです。

■ 1セッションの参加者数は20〜30人程度
■ 3人ずつの小グループを形成
　 質問に対してグループで討議し，必要に応じて全体に共有
■ スマホやPC等の，インターネットで検索できるデバイス持参

最初は「質問への回答」を求める際には受講者に挙手してもらったり指名したりしていたのですが，緊張感が高い雰囲気になってしまったため，3人程度のグループで相談したうえで答えを共有してもらう形式にしました。

講座の反響は毎回，大変好評で，それぞれ次のようなコメントをいただいています。

- 自社が「良い会社」であることを再認識した
- 株式市場における自社のポジションを初めて知った
- 投資家や株主をむやみに恐れる必要はないのだと知った
- 自社の「強み」，「課題」について真剣に考える機会になった

> ・なぜ企業が成長しなければならないのかが理解できた
> ・自分も会社を成長させるために努力しなければならないと思った
> ・IRの人の凄さがわかった

次項からは「社内IR講座」のカリキュラム内容を，例として解説します。

また，同カリキュラムをアレンジした，大学の学部生や一般の社会人向けの講座については，「番外編」で説明します。

このカリキュラムは「例」であり，株式市場を取り巻く環境変化に応じて，常にアップデートしなければならないものです。筆者自身，50回ほどの講座を通じて，資料をどんどん改訂してきました。

本章の最終頁に，講座のひな型のPDF資料がダウンロードできるサイトのQRコードを掲載しています。参照いただいたうえで，皆さんご自身で情報の取捨選択と追加補足を行うことで，より発展させたオリジナルの講座を作ってください。

3 カリキュラム例
～スライドで「進め方」を確認～

(1) 主要コンテンツ

主なコンテンツは以下のとおりです。詳細な内容は(2)以降をご確認ください。各項目（❶～㉔）ごとにスライドと説明をセットで入れています。

なお，第三者のグラフやコンテンツを利用する場合には著作権を侵害しないようご注意ください。

① 株式市場／上場企業に関する一般的な知識
☑ 株価と時価総額の関係性
☑ 3つの「価値」
・株価指数って何？
② 株式市場における自社のポジション
☑ 自社の株式の歴史，株価と時価総額の最安値と最高値

- ☑ 株価推移，株価指数との比較
- ☑ 株価変動の理由
- ☑ 日本の企業総数と上場企業数
- ☑ 日本と世界の時価総額ランキング，自社のポジション
- ☑ 上場のメリットとデメリット
- ☑ 上場していない企業の「理由」
- ☑ 「会社は誰のものか」

③　株式市場からの○○株式会社（自社）への期待

- ☑ 自社の株主構成と株主・投資家とのコミュニケーション
- ☑ 株主が見る自社の強みと成長期待
- ☑ 株主が見る課題とリスク
- ☑ 環境変化での停滞は衰退を意味する
- ☑ 模擬IRミーティング

(2)　カリキュラム内容とスライド

❶　株式市場／上場企業に関する一般的な知識＝株価と時価総額の関係性（スライド1，2，3）

- ☑ 最初に「株価と時価総額」についての説明を行います。
- ☑ 株式市場に関する知識が十分でない方の中には，複数の企業の株価を比較した場合に「株価が高い企業が優れている」と考えてしまう方もいます。まずはその理解を正すことから始めましょう。
- ☑ 自社株価についての質問を投げかけ，受講者に日本取引所グループのサイトで調べてもらってください。
- ☑ スライドでは，例として三菱UFJフィナンシャル・グループを挙げています。
- ☑ 受講者に「株価」を口頭で答えてもらってください。アイスブレイク（緊張を解く）の役割を果たします。

スライド1

日本を代表する金融グループの１つ
「㈱三菱UFJフィナンシャル・グループ」の

株価がいくらか知っていますか？

スライド2

「日本取引所グループ　株価検索」
で検索しましょう

https://quote.jpx.co.jp/jpx/template/quote.cgi?F=tmp/stock_search

スライド3

㈱三菱UFJフィナンシャル・グループ

952.7円

(2023/1/31　15:00)

（出所）日本取引所グループ　株式相場表　2023年１月をもとに筆者作成

❷　**競合企業の株価比較（スライド４，５，６，７）**

☑　自社よりも株価が高く時価総額が低い企業，あるいは株価が低く時価総額
が高い企業を選びましょう。

☑　スライドでは㈱三菱UFJフィナンシャル・グループの競合として㈱三井住
友フィナンシャルグループを挙げています。

☑ 「この株価の差から何がわかりますか？」と問いかけ，「実は何も読み取れ
　ません」と続けることで，複数の企業の株価を比較することは意味がない
　と伝えます。

スライド4

では，その競合に当たる
「㈱三井住友フィナンシャルグループ」

の株価がいくらか知っていますか？

スライド5

㈱三井住友フィナンシャルグループ

5,652円

（2023/1/31　15:00）

（出所）日本取引所グループ　株式相場表　2023年1月をもとに筆者作成

スライド6

この株価の差から何が読み取れますか？

㈱三菱UFJ
フィナンシャル・グループ

㈱三井住友
フィナンシャルグループ

952.7円　　5,652円

（出所）日本取引所グループ　株式相場表　2023年1月をもとに筆者作成

スライド7

何も読み取れません

❸ 自社の時価総額はいくら？（スライド8，9，10）

☑ 上場企業の価値は株価ではなく，「時価総額」で比較すべきものだと伝えます。

☑ 自社の時価総額を調べてもらい，口頭で答えてもらってください。

☑ 桁数が多いため読むのに苦労すると思いますが，参加者自身が調べることで，自社の時価総額の規模を強く認識することになります。

スライド8

上場企業の価値＝時価総額（Market Cap）

株価の高低で企業価値は比べられない

スライド9

㈱三菱UFJフィナンシャル・グループの「時価総額」をご存じですか？

「三菱UFJフィナンシャル・グループ　時価総額」で検索しましょう

スライド10

㈱三菱UFJフィナンシャル・グループの

時価総額は

12兆2,546億円

（2023/1/31　15:00）

（出所）日本取引所グループ　時価総額順位表（2023年1月現在）をもとに筆者作成

❹　時価総額の意味を知る（スライド11, 12, 13）

☑　時価総額の計算式を伝えます。

☑　株価が刻々と変化するため，時価総額も刻々と変化することを伝えます。

☑　時価総額と株価の関係性をピザ全体とピザ1ピースにたとえます（スライド12）。

- 「どんなに大きなピザでも，100人で分ければ1ピースは小さくなるし，小さなピザでも，たった2人で分けるのであれば，1ピースは大きくなること」を例に出して説明します。

- 株価は1ピースの大きさですが，何人で分けたのか（株式数）がわからなければ，ピザ全体の大きさ（時価総額）はわかりません。

- つまり，株価では企業価値を判断できないのです。

スライド11

上場企業の価値は，時価総額で測る

時価総額　＝　株価（時価）×　株式数

※株価が変動するため，時価総額も刻々と変動します

スライド12

時価総額　=　ピザ全体
株価　=　ピザの１ピース

分ける人の数で，大きさが変わる

スライド13

時価総額で比べると…

㈱三菱UFJ フィナンシャル・グループ	㈱三井住友 フィナンシャルグループ
12.2兆円	**7.7**兆円
952.7円 × 128億株	5,652円 × 13.7億株

（出所）日本取引所グループ　時価総額順位表（2023年１月現在），日本取引所グループ
株式相場表　2023年１月および各社HPをもとに筆者作成

❺　**自社の株式基本情報について知る（スライド14，15，16）**

☑　自社の株式基本情報について理解してもらいましょう。

☑　上場日や上場市場，公募価格（時価総額）や上場初値（時価総額）を説明
し，現在の株価や時価総額と比較しましょう。

☑　過去最高の株価，過去最低の株価について伝えましょう。

☑　現在の株価と過去の株価の水準が大きく異なる場合には，株式数推移が影響しているのかもしれません。確認して説明しましょう。

スライド14　自社の上場時の情報

上　場　日：xx年xx月xx日

上場市場：xx（現在はxx市場）

公募価格：xx万円（時価総額xx億円）

上場初値：xx万円（時価総額xx億円）

一番高い時の株価はいくらだったと思いますか？

スライド15　XX（自社）の株価（終値）は，20xx年x月x日に…

1株当たり

xx万円！

スライド16　自社の株式数の推移

※主な株式変動理由を記載すること

日付	株式数	日付	株式数
2004/6	xx	2007/3	xx
2004/9	xx	2009/3	xx
2005/3	xx	2010/3	xx
2005/9	xx	2012/9	xx
2006/3	xx	2013/3	xx
2006/9	xx	2015/9	xx

❻ 3つの「価値」の違い（スライド17）

☑ 「株主価値」，「企業価値」，「事業価値」の違いについて説明しましょう。

☑ 「株主価値」と「企業価値」の違いに関する説明

- 「時価総額」は「株主価値」といわれる
- 「企業価値」との差は「債権者の価値＝有利子負債等」
- たとえば，30万円の負債を抱えている企業を100万円で買収する場合，実際に払うお金が100万円であっても30万円の返済義務も同時に負うことになる
- したがって，本質的な買収金額は130万円となる。この130万円が企業価値となる

☑ 「企業価値」と「事業価値」の違いに関する説明

- 企業価値の中には，余剰現預金や遊休不動産等，現時点で事業運営に活用していない資産が含まれ，こうした資産を「非事業資産」と呼ぶ
- 企業価値から「非事業資産」を除いた価値が「事業価値」となる

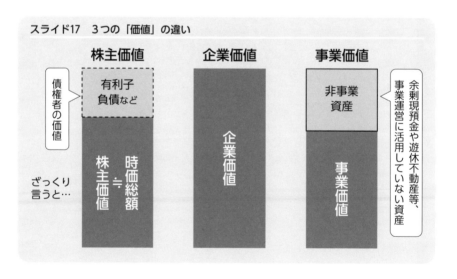

❼　各社の株価推移と株価指数との比較（スライド18，19，20，21）

☑　自社と競合の10年間の株価推移比較をしましょう。

  • 株価比較には意味がありませんが，ある時点を起点とした推移比較には意味があります。

  • 10年間でそれぞれの株価がどのように変化したかを確認しましょう。ここでは，例として㈱三菱UFJフィナンシャル・グループと㈱三井住友フィナンシャルグループの株価推移を比較しています。

  • 10年前に比べて，それぞれ 2 倍近くになっていることがわかります。

  • なお，Yahoo!ファイナンスのチャートにおいては，株式分割等があった場合，分割日以前の取引値についてもさかのぼって修正しているため，株式数の変動の影響が極力排除されるようになっています。

☑　自社・競合に加えて，日経平均を加えた株価推移比較をしましょう。

  • 例として挙げた 2 社は10年間で株価が 2 倍になっていましたが，日経平均は 3 倍以上になっています。

  • このように指数に比較して成長率が低いことを「アンダーパフォーム」と呼びます。

☑　次に，日経平均並みに株価が成長している企業の例としてトヨタ自動車㈱を挙げました。

☑　そしてさらに，日経平均を大きく「アウトパフォーム」している企業の例として㈱MonotaROを挙げました。同社は10年で株価が約17倍になっています。

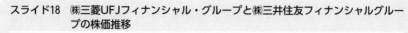

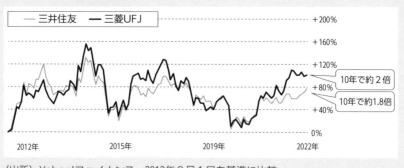

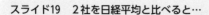

スライド20　トヨタ自動車㈱を日経平均と比べると…

（出所）Yahoo!ファイナンス　2012年9月1日を基準に比較

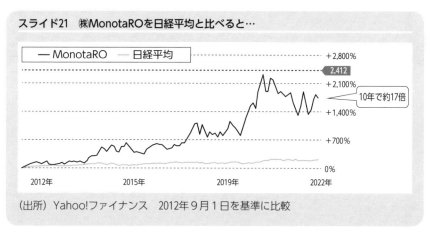

スライド21　㈱MonotaROを日経平均と比べると…

（出所）Yahoo!ファイナンス　2012年9月1日を基準に比較

❽　株価指数って何？（スライド22，23，24，25）

☑　参加者は，テレビ等を通じて「日経平均」という言葉を聞いたことがある
　　ものの，「日経平均」が何を指すのか，実はよくわかっていないはずです。
　　ここではまず，株価指数が「株式の相場の状況を示すために，個々の株価
　　を一定の計算方法で総合し，数値化したもの」と伝えます。

☑　そのうえで，世界において代表的な株価指数を挙げ，さらに「日経平均」
　　と「TOPIX」について詳しく説明します。

ここで特に強調したいことは，「メディアでは日経平均を取り上げるが，プロの投資家はTOPIXをベンチマークとして使う」ことです。

☑ 日経平均＝日経225は構成銘柄の株価を合計してしまうため，1単元当たりの株価の水準が高い銘柄（値がさ株）の影響が大きくなり，市場全体の動きを必ずしも反映しません。

☑ 一方，TOPIXはもともと，東証市場第一部に上場する内国普通株式全銘柄における浮動株分を時価総額加重したうえで算出しています。
新市場移行に伴い，現在はTOPIX構成銘柄を見直し中ですが，引き続き株式市場全体の動きを示す指数となるでしょう。

スライド22　株価指数って何？

株価指数（Stock market index）は，株式の相場の状況を示すために，個々の株価を一定の計算方法で総合し，数値化したもの

**相場全体の動向を知るためのもの
株価指数は，経済成長を測る方法の1つ**

スライド23　株価指数の種類

【日本】
日経225（日経平均）
東証株価指数（TOPIX）
TOPIX Core30/TOPIX Large70，等
JPX日経インデックス

【欧州】
FTSE100種総合株価指数
ドイツ株価指数
CAC 40
ユーロ・ストックス50指数

【米国等】
ニューヨークダウ工業株30種平均株価
スタンダード・アンド・プアーズ500種指数
NASDAQ総合指数
MSCIオール・カントリー・ワールド・インデックス

【アジア】
上海総合指数
香港ハンセン株価指数
シンガポールST指数

スライド24　日経225（日経平均）

名　　　称：日経225

対象銘柄：東証上場銘柄から225銘柄選定

選定基準：市場での流動性の高さ，セクター間のバランス等

算出方法：構成銘柄の株価の合計を「除数」と呼ぶ
　　　　　特別な数字で割って算出

算出開始日：1950年

特　　　徴：株価が高い銘柄の影響が大きい

スライド25　TOPIXとは

名　　　称：TOPIX（Tokyo Stock Price Index）

対象銘柄：東証市場第一部(※)に上場する内国普通株式全銘柄

算出方法：浮動株時価総額加重型

算出開始日：1969年７月１日

起算日・基準値：1968年１月４日・100ポイント

(※)　市場区分と切り離し，市場代表性に加え投資対象としての機能性の更なる向上
　　を目指し，見直し中

❾　株価の変動要因（スライド26，27）

☑　ここでは「株価が動くのはなぜか？」ということについて考えてもらいます。

- 参加者は漠然と「業績が悪いと株価が下がる」などと認識しているものの，じっくりと考えたことはないかもしれません。
- 最初に決めた小グループ内で５分程度話し合ってもらい，何チームかに発表してもらいましょう。いろいろな「変動要因」が挙げられると思われます。

☑ 参加者の意見を聞いたうえで，スライド27を提示します。まずは要因を「マクロ要因」と「個別銘柄要因」に分けます。

そのうえで，それぞれの詳細な要因について説明するとよいでしょう。

実際に自社の株価を動かした出来事を例として伝えてみると参加者は「株価の動き」をより身近に感じるようになるはずです。

スライド26

考えてみよう！

株価が変動する理由は？

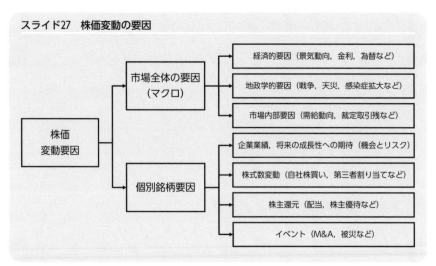

スライド27　株価変動の要因

⑩　日本の企業数（スライド28，29，30，31）

☑ 日本の企業が全部で何社あるか，一般の方はあまり知りません。しかしながら，物事を常にマクロから考えることは重要です。ここでは，日本企業

のうち，どれくらいの企業が上場しているのかを確認してもらいましょう。

☑ まずは「日本の企業の総数が何社だと思うか」を聞いてみましょう。グループで話し合ってもらっても結構です。正解とは桁が違う答えが返ってくることが多いはずです。

☑ 社数を伝えた後は，企業サイズを大・中・小で分類するとどうなるかを示してみましょう。大企業は1.1万社，全企業に占める割合は0.3％とごくわずかですが，大企業には従業員が多く勤めているため，従業員数で見た割合では30％超になっています。

☑ なお，中小企業者の範囲と小規模企業者の定義は中小企業基本法で規定されており，産業ごとに異なります。興味のある方は，経済産業省中小企業庁のホームページでご確認ください。

スライド28

日本の企業の総数は
何社だと思いますか？

スライド29

358万社

（出所）経済産業省中小企業庁HP

スライド30

では，大・中・小企業に
分けると？

スライド31　日本における全企業数・従業員数

企業数：358万社
（2016年度）

従業員数：4,678万人
（2016年度）

■大企業　■中企業　■小企業

大企業：　1.1万社　（0.3%）
中企業：　53万社　（14.8%）
小企業：　304万社　（84.9%）

■大企業　■中企業　■小企業

大企業：　1,458万人　（31.2%）
中企業：　2,176万人　（46.5%）
小企業：　1,043万人　（22.3%）

（出所）経済産業省中小企業庁HP

⓫　日本の上場企業（スライド32，33，34，35，36）

☑　まずは「上場」とは何なのか，ということについて説明します。おそらく参加者が聞いたことがある「IPO」という言葉についても説明します。

☑　そのうえで，日本の上場企業の数が何社なのかを聞いてみましょう。グループで話し合ってもらってもよいでしょう。

☑　日本取引所グループにおける市場区分が変わったことと，それぞれの区分に含まれる社数について伝えます。そのうえで上場企業総数が4,000社弱であることを示しましょう。

☑　新市場区分のコンセプトについて説明し，決して「カッコイイ」からという理由でプライムを選んではいけないことを説明しましょう。

☑　上場企業が，全企業の0.1%と極めて小さい割合であることを伝えます。

スライド32　上場企業とは？

上場とは証券取引所で株式が売買されるようになること
→ 不特定多数の人が株主になりうる

上場することを「株式公開（IPO^(※)）」という

（※）IPO＝Initial Public Offering

スライド33

日本の上場企業の数は
何社だと思いますか？

スライド34　日本における上場企業の数（2022年4月）

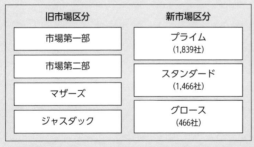

旧市場区分	新市場区分
市場第一部	プライム (1,839社)
市場第二部	スタンダード (1,466社)
マザーズ	グロース (466社)
ジャスダック	

3,771社!!

（注）新市場区分の各市場のカッコ内は2022年4月4日時点の上場企業数
　　　TOKYO PRO Market，地方取引所を含まない
（出所）日本取引所グループの資料を基に作成

スライド35　新市場区分のコンセプト

プライム市場	多くの機関投資家の投資対象になりうる規模の時価総額（流動性）を持ち，より高いガバナンス水準を備え，投資者との建設的な対話を中心に据えて持続的な成長と中長期的な企業価値の向上にコミットする企業向けの市場
スタンダード市場	公開された市場における投資対象として一定の時価総額（流動性）を持ち，上場企業としての基本的なガバナンス水準を備えつつ，持続的な成長と中長期的な企業価値の向上にコミットする企業向けの市場
グロース市場	高い成長可能性を実現するための事業計画およびその進捗の適時・適切な開示が行われ一定の市場評価が得られる一方，事業実績の観点から相対的にリスクが高い企業向けの市場

「プライム市場がカッコイイ」と思って
選んでいる会社があるのでは…？

（出所）日本取引所グループの資料を基に作成

スライド36

日本企業のうち，
上場企業は，

3,771社／358万社

＝1,000分の1の割合

⓬　日本と世界の時価総額上位企業（スライド37，38，39，40）

☑　日本企業の時価総額トップ10位にどの企業が入っているか，グループで話し合ってもらい，発表してもらいましょう。

☑　直近のトップ10位ランキングを提示し，参加者と答え合わせをしましょう。（「日本取引所グループ　時価総額順位表」で検索すれば，検索結果にランキング表へのリンクが示されます。）

☑　通信会社が多く含まれていることに注目しましょう。

☑　次に世界の時価総額トップ10位を示し，以下の点に着目しましょう。
- 日本企業が含まれていないこと
- 米国企業がほとんどであり，アジアからは中国企業が入っていること
- IT系の企業が目立つこと

☑　日本の時価総額トップ企業であるトヨタ自動車㈱の時価総額と，世界の時価総額トップ10位の企業の時価総額を比べてみましょう。世界10位の企業でさえ，トヨタの2倍程度の大きさであることがわかります。

☑　平成元年（1989年）の世界の時価総額トップ10位の表を提示し，以下の点に着目しましょう。
- 10社中7社が日本企業であること
- 10社中5社が日本の銀行であること

「30数年前にトップ10位の過半を独占していた日本企業が，なぜ現在1社も入っていないのでしょう？」と参加者に質問を投げかけてください。

スライド37

上場企業の中で，
時価総額トップ10位はどこ？

スライド38　日本の時価総額上位ランキング（2023/1/31）

順位	社　　名	時価総額 （単位：兆円）
1	トヨタ自動車㈱	30.9
2	ソニーグループ㈱	14.6
3	㈱キーエンス	14.4
4	㈱三菱UFJフィナンシャル・グループ	12.2
5	ソフトバンクグループ㈱	10.5
6	日本電信電話㈱＝NTT	9.5
7	KDDI㈱	9.3
8	㈱ファーストリテイリング	8.3
9	第一三共㈱	7.9
10	㈱オリエンタルランド	7.8

（出所）日本取引所グループ　時価総額順位表（2023年1月現在）をもと
　　　に筆者作成

スライド39　世界の時価総額ランキング（2022/5）

No.	会　社　名	時価総額（2022/5） 単位：兆円 （ドル＝140円で概算）	国名
1	サウジアラビア石油	318	サウジアラビア
2	Apple	309	米国
3	Microsoft	269	米国
4	アルファベット（Google）	202	米国
5	Amazon.com	151	米国
6	Tesla	97	米国
7	バークシャー・ハサウェイ	84	米国
8	ユナイテッドヘルス	67	米国
9	ジョンソン＆ジョンソン	64	米国
10	テンセント	62	中国

（出所）Nasdaq，NYSE，サウジ証券取引所，香港証券取引所等の情報をもとに筆者作成

No.	会 社 名	時価総額 単位：兆円 （ドル＝110円で概算）	国名
1	日本電信電話㈱＝NTT	20.0	日本
2	日本興業銀行	9.0	日本
3	住友銀行	8.7	日本
4	富士銀行	8.5	日本
5	第一勧業銀行	8.3	日本
6	IBM	8.1	米国
7	三菱銀行	7.4	日本
8	エクソン	6.9	米国
9	東京電力	6.9	日本
10	ロイヤル・ダッチ・シェル	6.9	オランダ

スライド40　世界の時価総額ランキング（1989年＝平成元年）

（出所）米ビジネスウィーク誌（1989年7月17号）「THE BUSINESS WEEK GLOBAL1000」
　　　　をもとに筆者作成

⑬　日米の株価指数の推移（スライド41，42，43）

☑　日経平均の推移グラフを調べてもらいましょう。

☑　日経平均は1989年12月に最高値「3万8,915円（終値）」を付けましたが，
　それ以降30年超にわたり，そのレベルまで回復できていないことを確認し
　てもらいましょう。

☑　NYダウ（ダウ工業株30種平均指数）の推移グラフも調べてもらいましょ
　う。過去から大きく成長しています。この30年間でも10倍以上になってい
　ることがわかります。

☑　ナスダック総合指数（「ナスダック」で検索）も同様です。大きく成長し
　ています。
　つまり，米国をはじめ，多くの国々の株式市場が成長しているにもかかわ
　らず，日本企業の株式市場は成長するどころか，実は30数年前のレベルま
　で回復することができていないのです。

スライド41

> 史上最高値　1989年12月＝３万8,915円
> そのレベルに戻せていないことを確認しましょう

日経平均の30年の推移グラフを
インターネット上で確認しましょう

スライド42

> 30年間で急激に拡大していることを確認しましょう

NYダウの30年の推移グラフを
インターネット上で確認しましょう

スライド43

> 30年間で急激に拡大していることを確認しましょう

Nasdaqの30年の推移グラフを
インターネット上で確認しましょう

⓮　株式市場における自社のポジション（スライド44，45）

☑　「時価総額ランキング」について参加者の理解が深まったところで，自社
　　の時価総額が何位なのかを確認しましょう。

☑　競合社の順位も確認してみましょう。また，競合である海外企業との比較
　　もしてみましょう。

スライド44

上場企業の中で，自社は時価総額何位？

スライド45　日本の時価総額上位ランキング（2023/1/31）

順位	社　名	時価総額 （単位：兆円）
1	トヨタ自動車㈱	30.9
2	ソニーグループ㈱	14.6
3	㈱キーエンス	14.4
4	㈱三菱UFJフィナンシャル・グループ	12.2
5	ソフトバンクグループ㈱	10.5
6	日本電信電話㈱＝NTT	9.5
7	KDDI㈱	9.3
8	㈱ファーストリテイリング	8.3
xx	自社	X
xx	競合	X

（出所）日本取引所グループ　時価総額順位表（2023年1月現在）をもとに
筆者作成

⓯ 日本の時価総額下位企業（スライド46，47）

☑ 今度は時価総額が低い企業についても見てみましょう。
時価総額が何億円なのかを確認してみましょう。

> **スライド46**
>
> # 日本の上場企業の中で
> # 時価総額が低い順位も
> # 見てみましょう

> **スライド47　日本の時価総額下位ランキング（2022/9/9）**
>
> # 「時価総額　下位ランキング」で
> # 調べてみましょう

⓰ 上場のメリット／デメリット（スライド48，49，50，51）

☑ 「なぜ，上場するのでしょう？」，「上場のメリットは何なのでしょう？」
と呼びかけ，グループで考えてもらい，発表してもらいましょう。
　•上場の主なメリットについて例を挙げながら述べましょう。

☑ 「メリットがあればデメリットもあるはずです。上場のデメリットは何で
しょう？」と呼びかけてください。
グループで考えてもらい，発表してもらいましょう。
　•主なデメリットについて，例を挙げつつ説明してください。

スライド48

考えてみよう！

なぜ，
企業は上場するのでしょうか？
上場のメリットは何でしょう？

スライド49　上場の主なメリット

1. 長期安定資金の調達と財務体質の強化
2. 会社の知名度の向上および社会的信用力の増大
3. 人材の確保と従業員のモチベーション向上
4. 株式市場からのフィードバックを
   経営に役立てることが可能

スライド50

考えてみよう！

では，反対に
上場のデメリットは
何でしょう？

スライド51　上場の主なデメリット

1. 敵対的買収や株式の投機的取引等に関連するリスク
2. 経営方針等について市場の理解を得る必要があること
3. 企業情報・業績等の開示義務
4. 創業者や親会社との関係とのバランス

❼ **非上場企業の例**（スライド52，53，54，55，56，57）

☑ 名前がよく知られているにもかかわらず，上場していない国内・海外企業を挙げます。また，上場していたのに非上場化した企業も紹介します。

☑ その中の数社を取り上げ，それぞれの「上場しない理由」について説明することで，「株式上場」することが必ずしも正しいとは限らないことを参加者に伝えます。

☑ 改めて「上場することにより発生する責務」に言及します。

スライド52

上場していない大企業が多くあります

【国内】
- サントリーホールディングス㈱
- ㈱JTB
- ㈱竹中工務店
- ㈱ロッテ
- YKK㈱　等

【海外】
- IKEA International Group
- Rolex
- LEGO Group　等

スライド53　㈱竹中工務店

● 長期的視点

私たちが追求するのは，今の時代はもちろんのこと，次の時代も，その次の時代も「最良」と言われるような作品です。

● あらゆる人にとっての「最良」を追求

特定の利害関係者だけでなく，社会を構成するあらゆる人にとっての「最良」となる作品です。

この姿勢を貫くために，
株式を公開しない非上場での経営を行っています。

(出所) ㈱竹中工務店HPをもとに筆者作成
https://www.takenaka.co.jp/recruit/fresh/about/feature/

スライド54　サントリーホールディングス㈱

サントリーは
ウイスキーやワイン事業に代表される
長期的・継続的な投資が不可欠な業態
のため，短期間での業績向上や
投資回収が重視される
上場企業への道は選択していません

(出所) サントリーホールディングス㈱HPをもとに筆者作成
https://www.suntory.co.jp/company/csr/communication/dialogue/
governance.html?_ga=2.188029736.1234868777.1676167357-694216754.
1676167357

スライド55

上場を意図的にやめた会社もあります。

- カルチュア・コンビニエンス・クラブ㈱（TSUTAYA）
- ㈱アデランス
- ㈱TASAKI 等

スライド56　カルチュア・コンビニエンス・クラブ㈱（TSUTAYA）

- 企画会社であるため，上場会社の責務としてIRを行う際に，経営戦略等の企業情報を提供すればするほど，コア戦略が競合他社に模倣されやすくなる

- それが収益の機会損失に繋がり，株主及びステークホルダーの中長期的な価値を毀損する可能性が否定できない

- 大規模な資金調達の必要性がなく，既にブランド力・信用力等を有している

- 上場維持コスト（会計基準厳格化，J-SOX導入等）の増大が見込まれる

（出所）カルチュア・コンビニエンス・クラブ㈱「MOBの実施および当社株式等に対する公開買い付けに関する意見表明のお知らせ（平成23年2月3日）」をもとに筆者作成

スライド57

上場企業には，多様な株主に対する責任が生じます

- コーポレートガバナンス
- 説明責任
- 積極的かつ適切な情報開示　等々

⓲　会社は誰のものか？（スライド58，59，60，61，62，63，64）

☑　会社は「ステークホルダーのためのもの」であるとともに「株主のもの」
であるという考えを伝えています。

☑　株主が会社の持ち主であるために説明責任が生まれるという考え方を紹介
します。詳細については，20頁のコラム「会社は誰のものか」をご参照く
ださい。

スライド58　会社は誰のものか？

- ●社長のもの
- ●株主のもの
- ●すべてのステークホルダー
　（利害関係者）のもの

スライド59

答えの前に…会社は誰のためのものか？

スライド60

会社は株主だけのためのもの
ではありません

スライド61　会社はさまざまなステークホルダーのためのもの

スライド62

では，会社は誰のものか？

スライド63　会社は株主のもの

経営陣は，株主から会社を預かって，経営している

スライド64　株主が「会社の持ち主」だからこそ，説明責任がある

- 事業の現在の状況と将来の見通し
- 事業戦略・財務戦略
- 投資戦略と回収規模・時期等
- ESG/サステナビリティへの取組み

説明したことを達成するために努力する必要もある

⑲　自社の株主構成（スライド65，66）

☑　改めて，自社の大株主と株主構成について説明します。

☑　大量保有報告書を出している株主がいる場合，株主判明調査を実施している場合には，判明している株主についても言及してください。

スライド65　自社の大株主

順位	株　主	持ち分
1	XXX	XX%
2	XXX	XX%
3	XXX	XX%
4	XXX	XX%
5	XXX	XX%
6	XXX	XX%

スライド66　自社の「所有者別株式分布状況」（20xx年 x 月末）

どのようにコミュニケーションしているの？

株　　主	持ち分
政府・地方公共団体	xx％
金融機関	xx％
証券会社	xx％
事業法人等	xx％
外国法人等	xx％
個人・その他	xx％
計	100.0％

❷⓪　株主・投資家とのコミュニケーション（スライド67）

☑ 皆さんの会社が，どのように株式市場とコミュニケーションしているかを説明するスライドです。

☑ 以下の点について説明するとよいでしょう。

- 株式市場とのコミュニケーション，つまりIRの対象は主に2種類。「投資家（機関・個人）」と「証券会社アナリスト（セルサイド・アナリスト）」
- 自社は，両者に対して「情報開示」，「説明会等の開催」，「アナリスト・ファンドマネジャーによる取材への対応」等を実施
- 対話を通じて，主に機関投資家から「経営の参考になるフィードバック」を得ることができる
- 証券会社アナリストは，企業や事業を分析したうえで投資家に対してアナリスト・レポート等の情報提供をし，さまざまな形で対価を得る

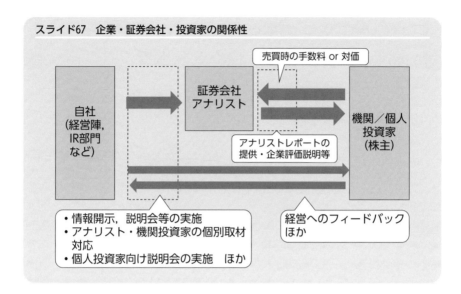

スライド67　企業・証券会社・投資家の関係性

㉑　自社の強みと課題（スライド68，69，70）

☑　参加者に「投資家が，自社の強みと課題（弱み）をどこに見出しているか」
　　という質問を投げかけ，考えてもらいましょう。

☑　グループで10分ほどディスカッションしてもらい，代表者に発表してもら
　　いましょう。

☑　IR部門が実際に投資家から集めたコメントを箇条書きにしたスライドを
　　提示しながら，説明しましょう。

☑　最初に「強み」だけを話し合ってもらい，「強み」の発表と回答提示の後に，
　　「課題」に取り掛かってもらう形でも結構です。

☑　回答提示の後に，グループで感想を話し合ってもらうとよいでしょう。

スライド68　自社の「強み」と「課題」

市場は，自社のどこに強みと課題を
見出しているのでしょうか？

話し合ってみましょう

スライド69　自社の強み・成長期待

株主・投資家からフィードバックされた
「強み」，「期待」を箇条書きで記載してく
ださい

スライド70　自社の課題・リスク

株主・投資家からフィードバックされた
「課題」，「リスク」を箇条書きで記載して
ください

㉒　企業価値向上のために（スライド71，72，73，74，75，76，77，78）

☑ さまざまな株主がいることを伝え，中長期の株主価値向上をサポートしてくれる株主は，企業にとって重要な対話相手（パートナー）であることを伝えます。

☑ 「ステークホルダーの課題を解決し，ステークホルダーの期待に応える」ことができなければ会社が成長できないと伝えます。
例として，「従業員が不満だと退職者が増加し，経営が成り立たなくなる」，「取引先を大切にしなければ，製品・サービスを販売してくれる会社や原材料を売ってくれる会社がなくなる」等，事業に支障が出るケースを想定して説明します。

☑ エスカレーターのイラストを使って，企業が置かれている環境を伝えます。
  • 下りエスカレーターに上を向いて立っていると，どんどん後ろの下方向に下がってしまう
  • 下りエスカレーターを上前方に向かって歩くことで，やっと今の高さが維持できる
  • より上方向に進むためには，頑張って速く歩かなければならない
  • 市場環境が激しく変化する中の企業も同様
    企業が成長の努力をしなければ，サービスが劣化し，売上・利益が下がり，従業員の減給や解雇が発生する
  • つまり，企業は成長を目指して努力し続けなければならない
  • ステークホルダーの課題を解決することで，売上・利益が拡大する
  • その利益を投資や雇用に使うことで持続的な成長が可能となり，株主価値（時価総額）が拡大する
  • 各企業が成長することが，日本経済の発展につながる

☑ 従業員の中には「現状維持できれば十分」と考えている人もいます。この説明を通して「自分も会社も努力して成長しなければならない」と腹落ちさせることが重要です。

スライド71　いろいろな種類の株主・投資家がいます

- 企業の中長期の成長を望み，サポートしてくれる投資家
- 「モノ言う」ことで，短期的な利益確保を狙う投資家
- 短期で売買し，利益を確保しようとする投資家
- 空売りして利益を確保しようとする投資家

上場することにより，こうした株主・投資家に対応する責務が生まれます

スライド72　いろいろな種類の株主・投資家がいます

- **企業の中長期の株主価値向上のためにサポートしてくれる投資家**

  ➡**私たちの良きパートナー**

スライド73

ステークホルダーの課題を解決し，
すべてのステークホルダーの期待に応えていかなけれ
ば，会社は持続的に成長できない

スライド74

市場環境が激しく変化する中，
企業は上を向いた状態で
「下りエスカレーター」に乗っています

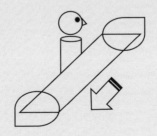

156

スライド75

「下りエスカレーター」の上で
「立ち止まれ（現状維持）」ば，
どんどん下がってしまいます

- サービスの劣化
- 売上・利益減少
- 減給・解雇

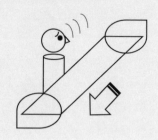

スライド76

成長のために努力し，上に向かって歩くことで
「同じ位置」にとどまり，そしてさらに上に
昇ることができます

だから，
努力し続ける必要が
あります

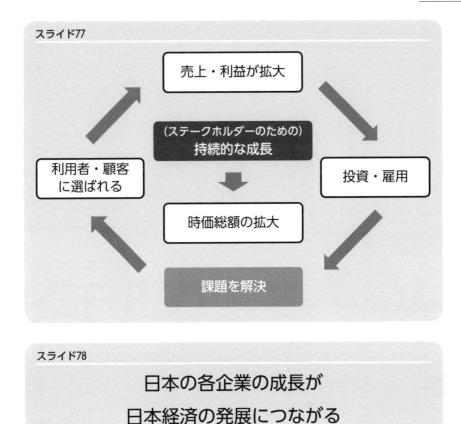

スライド77

スライド78

日本の各企業の成長が
日本経済の発展につながる

㉓　模擬IRミーティング（スライド79）

☑　最後に「模擬IRミーティング」を行います。

- ワークショップのモデレーターの皆さんが「投資家」の役割を担います
- IR部員１人に出席してもらい，「企業側」の役割を担ってもらいます
- いつも聞かれる質問を３つほど選び，IR部員に尋ねます
- IR部員はいつものとおり回答します

☑　IR部員は，常日頃，投資家の前で話していることを答えるだけなのですが，いつもよりもずっと緊張するようです。

事業に携わる従業員から「その説明は間違っている」と指摘されるのでは，という懸念を持っているのでしょう（実際には出席者からそのような指摘が出たことは一度もありません）。

「変な汗をかきました」とIR部員は皆言いますが，この「模擬IR」の効果は抜群です。

☑ 参加者からは「IR部員の回答は，詳しいFAQを暗記しているのですか？」とか「多岐にわたる事業の詳細を，なぜこんなに知っているのですか？」という質問が出たりします。

決算発表時に情報を求めてくるIR部員が「常日頃，投資家と渡り合ってこんなに凄いディスカッションをしている」という事実を知ることで，IR部員に対する見方が大きく変化するようです。

スライド79　模擬IRミーティング

「投資家役」，「自社役」の2人で，質疑応答2－3問を実施

⇨IR部門の業務への理解推進
⇨株主・投資家の視点への理解推進
⇨社内各部署のIR協力へのモチベーションアップ

㉔　参加者からの質問

☑ 最後に参加者からの質問を募りましょう。

☑ すぐに質問が出ないようであれば，グループで3分間ほど感想を話し合ってもらってもよいと思います。

☑ グループごとに感想や質問を話し合ってもらいましょう。

　以上が，社内IR講座の流れです。

このワークショップを受講した社員には，以下の内容で継続的に講座を継続するとよいでしょう。

☑　タイミング：決算発表後（年に一度。または財務部門等，近い部門については四半期に一度）

☑　内容

- 決算発表のポイント
- 決算発表内容に対する投資家の反応／コメント
- 決算発表後の株価推移

社内IR講座は，社員の株式市場に対するリテラシーを高めます。

また，IR活動に対する理解を深め，協力へのモチベーションを上げることができます。IR業務に携わりたいと考える社員も現れることでしょう。

ぜひ皆さんも取り組んでみてください。

4 ┃ 番外編：「株式市場の基礎知識講座」ワークショップのススメ
〜学生の意識改革に活用〜

「株式市場の基礎知識講座」は，大学の学部生や一般の社会人の方向けに実施したワークショップです。

講座の枠組みや伝える基本情報はほぼ同じですが，大学の学部生向け講座では，就職先の検討に際して参考になりそうなことを交えて話しています。

講座の反響は毎回，大変好評で，それぞれ次のようなコメントをいただいています。

- 時価総額ランキングを比較することで，世界の企業の成長率が凄まじく高い反面，日本企業の成長率が低いということを初めて知った
- 上場によって企業に多くのメリットが生まれるのはもちろんだが，同時にデメリットもあるということを理解することができた
- 今回の講座を通じて就活の幅を広げる視点を得ることができた
- 株式市場や上場企業などの意味を知らなかったが，今日初めて理解することができたため，就活に役立てていきたい

主なコンテンツは以下のとおりです。

① 株式市場／上場企業に関する一般的な知識
• 株価と時価総額の関係性 • ３つの「価値」 • 株価指数って何？
② 株式上場とは？
• 日本の企業総数と上場企業数 • 日本と世界の時価総額ランキング • 上場のメリットとデメリット • 上場していない企業の「理由」 • 「会社は誰のものか」
③ ESGとは？
• ESGは「機会＝SDGs」と「サステナビリティ・リスク＝CSR」 • 「機会」の中の「CSV」と「フィランソロピー」 • 「リスク」の中の「環境」と「社会」 • インパクト投資家のレター • コーポレートガバナンスとは？
④ 企業の成長が日本経済の成長につながる

ESGについては，本書の第３章をご参照いただき，お話しいただくとよいでしょう。

「株式市場の基礎知識講座」を皆さんに広めていただき，多くの方々の株式市場に対する理解が少しでも深まれば幸いです。

「社内IR講座」ワークショップのカリキュラム例のスライドは，下記からもご覧いただけます。

> ビジネス専門書オンライン（https://www.biz-book.jp）にアクセス
> ➡書籍検索に書名『「株主との対話」ガイドブック』を入力
> ➡本書のご案内ページにて「著者から」の欄をご確認ください。
> （パスワード　ck245801）

あとがき

　本書を手に取っていただきありがとうございます。黎明期からIRに取り組んできた筆者自身の経験と想いを含めました。読者の皆さまが「株式市場との対話」を行っていくにあたって少しでも参考になれば幸いです。

　本書の執筆にあたり，多くの方々にご指導いただきました。お忙しい中，ご指導と帯コメントを頂いた岩田宜子様，木村祐基様，富永誠一様に心より御礼申し上げます。

　また，執筆に際しご助言とサポートを下さった方々，諫山明日香様，石塚浩一様，梅村和也様，岡村慧様，坂口尚子様，清水裕様，林洋平様，福岡貴美様，福田智美様，本田健司様，守屋秀裕様，八木崇成様に謝辞を表します。

　そして，出版にあたり最後までご尽力くださった末永芳奈様，安井源之新様に深謝申し上げます。

参考文献：

福岡貴美『自社に合ったESG戦略の考え方・進め方』（中央経済社）

本田健司『イチからつくるサステナビリティ部門』（日経BP）

松田千恵子・神崎清志『事業ポートフォリオマネジメント入門』（中央経済社）

【著者紹介】

浜辺　真紀子
Makiko Hamabe

浜辺真紀子事務所（IR/ESGコンサルティング）　代表
㈱大塚商会　独立社外取締役
日本マクドナルドホールディングス㈱　独立社外監査役

2000年，ヤフー㈱（現・Zホールディングス㈱）にてIR部門を立ち上げ，SR（ステークホルダーリレーションズ）本部長，社長室長 兼 コーポレートエバンジェリストを歴任。ディップ㈱執行役員 コーポレートコミュニケーション統括部長を経て2021年に独立し，浜辺真紀子事務所を設立。浜辺真紀子事務所（IR/ESGコンサルティング）代表（現任），ソウルドアウト㈱ 独立社外取締役，㈱大塚商会 独立社外取締役（現任），日本マクドナルドホールディングス㈱　独立社外監査役（現任）。

「株主との対話」ガイドブック
ターゲティングから ESG、海外投資家対応まで

2023年 4 月10日　第 1 版第 1 刷発行
2023年 5 月30日　第 1 版第 3 刷発行

著　者　浜　辺　真　紀　子
発行者　山　本　　　継
発行所　㈱ 中　央　経　済　社
発売元　㈱中央経済グループ
　　　　パ ブ リ ッ シ ン グ

〒101-0051　東京都千代田区神田神保町1-35
電話　03 (3293) 3371 (編集代表)
　　　03 (3293) 3381 (営業代表)
https://www.chuokeizai.co.jp
印刷／昭和情報プロセス㈱
製本／㈲ 井 上 製 本 所

©2023
Printed in Japan